浙江省哲社科规划课题
"绿色信贷支持浙江生态经济发展效率提升对策研究"
（17NDJC136YB）

U0745929

我国生态经济发展模式创新与效率提升对策研究

蔡小哩 丁志刚 著

中国原子能出版社
China Atomic Energy Press

图书在版编目（CIP）数据

我国生态经济发展模式创新与效率提升对策研究 /
蔡小哩，丁志刚著． -- 北京：中国原子能出版社，
2019.8

ISBN 978-7-5022-9946-0

Ⅰ．①我… Ⅱ．①蔡… ②丁… Ⅲ．①生态经济－经
济发展－研究－中国 Ⅳ．① F124.5

中国版本图书馆CIP数据核字（2019）第 175833 号

内容简介

本书在分析、整理、吸收国内外研究的基础上，本着理论与实践相结合的理念，运用生态经济学、区域经济学、可持续发展理论、区域经济发展理论与产业结构理论等理论和方法，以生态经济发展模式为研究对象，探讨其产业模式创新、效率评价与提升策略的研究。本书可以为目前研究生态经济的学者提供一些参考，也可为此方面的爱好者作为学习的工具。

我国生态经济发展模式创新与效率提升对策研究

出版发行	中国原子能出版社（北京市海淀区阜成路 43 号　100048）
责任编辑	王　丹　高树超
装帧设计	河北优盛文化传播有限公司
责任校对	冯莲凤
责任印制	潘玉玲
印　　刷	定州启航印刷有限公司
开　　本	710 mm×1000 mm　1/16
印　　张	12.75
字　　数	241 千字
版　　次	2019 年 8 月第 1 版　　2019 年 8 月第 1 次印刷
书　　号	ISBN 978-7-5022-9946-0
定　　价	58.00 元

发行电话：010-68452845

前　言

习近平同志关于"绿水青山就是金山银山"的重要论断阐明了生态保护与经济发展的辩证统一关系。

如今地球上多数地区由于风和水的侵蚀、人类不合理开发及过度开垦放牧，造成了自然资源的高度匮乏。自然界的风蚀速度已远远大于土壤的生成速度，土壤的营养和肥力逐渐下降和减弱。在牧场资源方面，由于人口数量的增多，人们对物资的需求也逐渐增多，牧场承载的供应世界上大部分肉类和蛋白质的责任也越来越大。同时，沙尘暴情况日益加重，全球淡水的短缺情况也在加剧……

所有这一切应使我们意识到，平衡全球经济发展和它所依赖的生态系统之间的关系，建立稳定的、和谐的生态经济系统已经迫在眉睫。我们不希望在我们享受着高水平的物质生活、感叹社会经济快速发展的同时，却不再能看到秀美的山河，再也无法闻到沁人心脾的花香，听不到鸟儿悦耳动听的叫声，见不到能够一眼望穿的湖水。

近年来，环保意识的觉醒使人们纷纷加入环保组织，为环境保护贡献一份自己的力量。1972 年，联合国召开"人类环境会议"，会议上各个国家签署的"人类环境宣言"也说明各国政府逐步意识到环境资源保护的重要性。此后数年，世界各国开始重视生态环境问题，人类开始思考如何走另外的发展之路。

传统的以经济为绝对中心的模式存在着诸多弊端，生态经济的发展优势较为凸显。莱斯特·R·布朗在《生态经济：有利于地球的经济构想》一书中提出，经济学家和生态学家携手合作可以实现以经济为中心模式到以生态经济为中心模式的转变。[1]中国生态经济研究进入全新发展阶段的里程碑事件是中国生态经济学会的成立。经过多年努力，1984 年由我国经济学家许涤新主编的《生态经济》杂志正式创办，并且在 1987 年 9 月《生态经济学》正式出版。《生态经济学》的出版标志着我国生态经济学又进入了新的发展时代。生态理论的深入发展使生态经济的理念走进了政府、企业、家庭、学校，从而实现了生态经济从书本理论到社会实践的飞跃。

本书在分析、整理、吸收国内外研究的基础上，本着理论与实践相结合的理念，运用生态经济学、区域经济学、可持续发展理论、区域经济发展理论与产业结构理论等理论和方法，以生态经济发展模式为研究对象，探讨其产业模式创新、效率评价与提升策略研究。

首先，分析影响生态经济发展的环境资源恶化、宏观经济转型等研究背景，阐述本选题的研究目的及意义；对本书的研究思路、研究方法和研究内容进行设定。从生态经济学、区域经济学、可持续发展理论、区域经济发展理论与产业结构理论等方面全面综述本书涉及的研究领域的研究现状，并进行综合评述，为本书的研究奠定理论基础。

其次，鉴于生态经济的发展需要良好的法律法规支持，针对近些年制定的促进我国生态经济发展的法律法规画出体系框架图；梳理各级政府在环境财政、绿色税费、绿色金融、绿色价格、生态补偿及排污权交易等方面出台的政策；分析指出我国当前治理环境的法律政策体系存在的问题及完善的方向。

再次，分别从生态农业、生态工业与生态服务业三大产业视角，重点分析我国生态经济的发展现状、转型升级路径、产业模式创新以及代表性企业的创新举措，总结我国生态经济发展的创新模式与成功经验。

第四，结合目前中国生态经济发展现状，分析生态经济发展水平、节能减排绩效评价水平和生态经济发展效率。

最后，总体概括。揭示本研究的理论价值、实践指导意义、局限性及未来研究的方向。

本书由蔡小哩、丁志刚负责完成。丁志刚负责第七章的撰写，其他章节由蔡小哩完成并统稿。在资料的收集检查、整理和书稿校对过程中，部分学生给予了大力支持；同时，得到了作者单位浙江工业职业技术学院的诸多专家、朋友和同行的帮助。并参考了大量相关文献，充分吸收了众多专家学者的优秀成果，在此谨向提供帮助的专家、老师、同学和朋友致以深深的感谢！

由于作者水平所限，本书难免有不当和疏漏之处，望广大读者批评、指正。

目 录

第1章 绪 论

1.1 问题的提出

全球人口每年在快速增长，同时带来了温室效应，导致全球气候变暖，经济快速增长造成了环境的破坏、自然资源的耗竭。这些现象及产生的原因与解决对策已成为各国学者和政府关注的焦点。当前的世界有两个必然的、显著的发展趋势：一是世界经济一体化、全球化；二是生态环境保护的世界化。这两个趋势是全世界人类必须共同关注的问题，需要相互协调、相互协同发展，若能使世界经济一体化与生态环境保护世界化协同发展，必将促进全人类的可持续发展。

各国政府也纷纷采取相应的措施，促进这两者之间的协同发展。为了降低气候变暖的趋势和促进经济可持续发展，联合国大会于1992年通过了《联合国气候变化框架公约》(简称《公约》)。该《公约》正式生效的时间是在1994年。《公约》实施的主要目的是让签署各国能确保节能环保的力度，将大气室温保持在一定的浓度下，通过节能减排减缓全球气候变暖的趋势。为了更好地落实《公约》，1997年联合国大会又通过了《京都议定书》(简称《议定书》)。该《议定书》于1998年3月16日至1999年3月15日期间开放签字。《议定书》真正生效的时间是在2005年。截止到2005年共有84个国家签署《议定书》。从实施效果上看，世界各国非常认同环保，到2009年就有183个国家通过了该《议定书》。我国也非常重视生态环境保护，早在1992年就批准了《公约》。该公约于1994年3月21日对中国生效。我国于1998年5月第一批就签订了《议定书》，并于2002年8月核准《议定书》。《议定书》对我国真正奏效的时间是2005年2月。

在《公约》和《议定书》的框架下，各缔约国都采取措施降低温室效应，并取得了良好成效。2002年5月，冰岛首次满足条约要求的"1990年总排放量的

55％"的条件，俄罗斯也在 2004 年 12 月达到了这一条件。实际上，在发达国家和地区，低碳、节能的生产生活方式已经成为普遍现象，很多国家通过立法的方式对此加以保障。例如，德国颁发的《循环经济与废物管理法》就十分鼓励低碳节能方式的运行。

多年以来，我国是以重工业发展为主的产业结构。《公约》和《议定书》对我国重工业产业结构的发展提出了挑战。要破解这一难题，实行先进集约的经济发展模式——生态经济是一个关键的途径。生态经济是以"三低"即低能耗、低排放、低污染为基础，以"三创新"即发展创新、技术创新和制度创新为核心的一种经济形态，其本质是提高资源的利用率，优化产业结构，促进自然与社会的协调发展。

当然，发展生态经济是一个长期的过程，也是一场涉及多方面、大范围的革命。它将涉及人们生活方式的改变、价值观的变化、生产模式的创新等。

结合提出的稳增长的经济发展模式，我国在下一阶段的发展中必将以更加积极的方式和态度参与到全球性的、世界性的生态经济建设和生态文明建设中。全力发展生态经济是实现我国经济持续发展的最合理的模式和有效的途径，也是我国生态文明建设的保障。结合 2009 年召开的哥本哈根气候变化大会上我国提出的减排目标，中国将大力推动生态经济和生态产业的发展。

城镇化进程的加快、人口的快速增长、经济的快速发展导致资源的消耗量增大。全国范围的环境污染、生态退化和资源枯竭等问题日益严重。自 2012 年党的十八大首次提出建设"美丽中国"以来，我国已经将生态文明建设作为一个重要的战略进行规划。习近平提出的"绿水青山就是金山银山"的重要理论阐明了生态环境的重要性以及生态环境与经济发展的辩证统一。

目前，生态经济的研究内容非常广泛。现有的研究成果主要侧重于生态产业、生态恢复、生态保护、生态模式创新等方面。生态产业包括的内容非常广泛，涉及农业、工业、服务业（物流、旅游、教育等）等产业的生态化，是一种绿色生态产业。生态产业的创新是生态学理论与社会实践研究的重要组成部分。生态产业发展模式创新是节约能源、改善生态环境、促进经济稳定增长的一个重要途径。倡导生态经济的发展对当代中国乃至全球都有非常重要的战略意义。

生态经济若要健康、稳定地发展，离不开正确的思想指引，因此发展生态经济时，必须坚持以习近平新时代中国特色社会主义思想为指导，坚持科学的发展观，积极发挥现有的法律制度的约束作用，并进一步推动我国生态经济方面的法律建设。

节能减排是维持生态经济系统稳定发展的一个重要途径。只有通过节能减排才能保障自然生态系统的可持续发展，才能维持经济的有序发展和人民生活环境的改善。目前，不少地方政府和企业认为生态治理还应重治理、轻结构调整，忽视了节能减排的作用和含义，缺少对节能减排的认识，缺乏对减排治理的长效机制，更对减排过程中的绩效评价认识不足。此类问题仍需要进一步探讨。

中国自 2007 年以来一直在实施绿色金融政策，推动商业银行和其他金融机构对高污染或能源密集型公司或项目投放贷款，支持淘汰落后产能，发展环保节能技术。绿色金融，特别是绿色信贷已经成为优化产业结构和能源结构的起点，同时是促进经济绿色发展，最终实现经济效益和生态效益双赢的抓手。如何使绿色信贷服务支撑生态经济发展俨然成为各级政府部门做出科学决策之前必须面临的关键问题。要解决这一问题，先要探明绿色信贷支持与生态经济发展之间的关系内涵及效率生成机制。

1.2　研究目的与意义

1.2.1　研究目的

本书通过对国内外生态经济学术研究现状、当前生态经济实际情况及未来发展趋势进行细致总结与分析，综合运用区域经济、绿色经济、生态经济、可持续发展、循环经济和模拟仿真等理论方法与技术手段，提出我国生态经济发展模式创新、效率评价与提升策略的研究架构。分析与归纳促进我国生态经济发展的法律与政策体系，为生态经济发展的研究提供法律保障；分析现有的生态产业的发展模式，并进一步推出现有生态产业模式的创新；提出生态经济发展水平的评价指标体系，实证分析我国生态经济发展水平，为提高我国生态经济发展水平提供对策建议；探索节能减排绩效评价方法与提升策略，分析供给侧改革视角下的碳排放的优化途径；考察绿色信贷支持下的生态经济发展效率与提升策略；分析中国生态经济发展的路径，提出相应的战略指导。

具体而言，本书要达到以下几个目标：

第一，通过文献检索，明确生态产业的含义与范畴，为后续的研究奠定基础。

第二，分析与归纳促进我国生态经济发展的法律与政策体系，为生态经济发展的研究提供法律保障。

第三，通过文献研究和实证调查，明确界定节能减排与生态经济的含义与范畴，梳理两者之间的内在联系。

第四，构建绿色信贷支持生态经济发展效率的测度模型，并进行实证研究，进一步验证绿色信贷支持生态经济发展效率的发生机理；

第五，分析生态经济发展路线，提出生态经济发展的对策与建议。

1.2.2 研究意义

1. 理论价值

我国政府一直在积极推动生态经济高质量发展，并制定一系列政策鼓励企业实施低碳节能减排技术，这将改变企业的成本和利润构成，也将影响企业的生产决策和经营行为。本书的研究观点可指导供应链企业构建合作伙伴关系，应用博弈思维动态、灵活地进行低碳节能方面的投资决策，优化投资收益，提升供应链的整体竞争力；为政府在推行生态经济、生态文明建设时提供一定的理论依据。

本书的学术价值具体包括界定生态经济、生态产业、节能减排和绿色信贷的含义；研究生态产业发展的模式及其创新的途径；探讨节能减排的绩效评价及其途径；揭示绿色信贷与生态经济的内在联系和作用机理，探讨绿色信贷内生变量与外生变量对生态经济发展的影响，深化绿色信贷和生态经济的理论研究。

2. 实践意义

本书对建立生态经济发展模式创新机制的研究可以进一步促进生态产业的发展；研究节能减排的绩效评价体系与生成机制可用于指导相关政府和企业机构进行节能减排业务的创新和优化，提升经济效益；研究绿色信贷与生态经济的关系将进一步创新财政管理体制，优化政府部门和相关行业组织的环境监管政策；研究我国生态经济的发展与提升路径可以提升政策的执行效力，对推动生态经济发展具有参考意义。

第一，生态经济发展模式创新可以协调经济、社会和环境的发展。

经济模式的创新将促使经济的快速发展。同理，生态经济发展模式改变了原有经济的运转方式，使原有的资源占有方式和利用方式得到改变，节约现有的自然资源，提高资源的利用率，进而提高劳动生产效率，推动经济增长，实现良性循环。在经济发展历程中，生态经济的发展是符合历史规律、自然规律的。政府制定符合经济发展规律的政策，可以对现有的市场起到政策导向作用。生态经济发展模式的创新促使政府根据生态经济发展的最新状况，制定出科学、合理、可操作的经济政策，能进一步推动社会各环境、各产业的生态化，使经济、社会、环境三者协调发展。

第二，节能减排可以促使自然环境得到改善，可以使自然资源的价值通过生态经济得到进一步提升。

节能减排可以减少环境污染，可以减缓自然资源承担的压力。相对于传统的经济模式，生态经济的各个组成部分之间是开放的、协同的，而不是封闭的、独立的。因此，在生态经济的各环节及各领域实行节能减排的措施，可以减少人类在生产、流通、消费过程中对自然资源的破坏，可以留出充足的时间让自然资源得到恢复与再生，降低全球生态资源环境恶化的可能，改善人们生存的环境。

自然环境得到改善之后，自然资源储备就更加充足，从而在生态经济运行过程中可以更加科学合理的地分配资源、使用资源和保护资源，提高资源的使用效率，最终使社会经济价值得到进一步的提升。

第三，生态经济模式创新有利于优化经济结构，营造绿色社会。

产业结构会随着经济发展的进程发生动态变化。产业结构在调整过程中遵循优胜劣汰的原则。生态经济模式创新带来的社会效益和经济效益有利于优化经济产业结构。首先，生态经济模式创新能够提高生产者的环境保护责任意识。企业环保意识的提高也将促使其在利用资源时有节约环保的意识。其次，生态经济模式创新减少了生产过程中造成的环境污染，最大化地提高了社会劳动生产率。因此，在生产与销售过程中，企业不能只是遵守自由贸易的原则，还应承担环保的义务。生产企业（包括农业、工业、服务企业）在生产过程中需要降低污染，甚至要禁止污染，同时在流通过程中，流通企业（包括批发商、零售商等）需要宣传环保意识，从而加强消费者的低碳环保意识。这样可以在全社会营造绿色生态环保的氛围，进而促进生态消费观念的形成，最终引导农业、工业、服务业转向生态生产、生态消费，形成良好的生态环境循环。

第四，研究绿色信贷与生态经济的关系，可以提升政策的执行效力，对推动生态经济发展具有参考意义。

一方面，商业银行实施绿色信贷政策已对我国生态经济发展发挥了正向推动作用；另一方面，绿色信贷资金投入没能发挥预期应有的效率水平。因此，本书从绿色信贷产品创新、政策法规建设、人才培养、信息交流共享及激励机制五个方面给出政策建议，以进一步提高绿色信贷支持生态经济发展的效率水平。

第五，探索生态经济发展模式可以促进自然资源利用的公平性。

从全球范围看，经济若要实现长足、稳步的增长，就要保障全球资源利用的公平性。各国之间都应维护良好的自然资源利用原则，各企业也应维持自然资源利用的公平性。若无资源利用的公平性，就没有稳步发展的可能性。利益最大化是各企业发展过程中追求的基本目标。但是，以自然资源破坏与损耗为代价，以后续的发展为代价是不科学的，也是不公平的。因此，我们在探讨生态经济发展模式时要充分考虑后人的利益，为未来社会的发展提供资源的支撑。生态经济模式创新可以减少生态资源的损耗，可以维持生态经济的有序运转。无论发达国家、发展中国家还是欠发达的国家与地区，在发展经济的过程中都将会减少因为资源的稀缺而去掠夺其他国家与地区的资源的可能性。因此，生态产业的创新可以维持资源利用的公平性，进而可以兼顾全世界、全国、发达地区和欠发达地区人民的资源利用率，维持自然资源的公平性与利益的平衡。

1.3 国内外研究现状

1.3.1 生态经济研究综述

1. 生态经济的概念与内涵

关于生态经济的研究始于 20 世纪六七十年代。在这段时间主要的代表学者是经济学家丹尼斯·米都斯。他的代表作《增长的极限》引起了人们对经济与生态之间和谐发展的研究与思考。到 20 世纪 80 年代末，《一门科学：生态经济学》的发表标志着生态经济学作为一门学科被提出。同时，在这一时期创立了生态经济学校与国际生态协会，生态经济理论的研究开始不断发展和深入。生态经济的发展是遵循着科学发展观的理论发展起来的，是一种新的发展模式与发展观念。生态经济学的理论基础是循环经济理论、可持续发展理论等。生态经济学理论就是在此类传统经济理论的基础上发展并转化而来的。生态经济学研究的目的是为了应对环境日益变化、资源日益枯竭带来的压力和全球经济危机加剧的状况，从而达成社会、经济、环境三者的协调可持续发展（Zaccai，2002）。生态经济发展的主要目的是在生态系统的范围内调整居民、企业、政府的生产方式和生活方式。同时，生态经济利用科学技术手段和生态学的原理来释放现有生态资源最大的潜能，构建高效的生态产业，构建合理完整的生态经济体系，构建生态健康、舒适度良好的生活环境。简单地说，如果通过"循环经济"的规则，那么经济系统产生的废物、废渣、废气等"三废"产品及废弃物可以成为其他系统生产的原材料。这样就可以达到废物回收再利用的目的，从而可以形成相互协调、相互转换的"社会经济—自然"复合生态系统。

生态经济是当前经济快速发展和资源保护的体现。它是物质层面和精神层面的高度统一。它也是一个与自然和人类生态系统高度一致的经济体，以可持续发展为目标。

生态经济主要具有三个特征：时间性、空间性和效率性。时间性是指在可利用资源上的持续性以及当代人不能不顾后代人对资源的享用权，应该为后代留下与当下相等的资源空间；空间性是指空间资源的连续性，即保护区域资源和环境的共享与共同建设；效率性是指在资源利用上的高效性，以最低的环境消耗供给最高的资源产出，这需要科学技术的支撑。

当前，中国的生态系统和经济发展仍旧处于初始阶段，还需要进行大量的研究探索与实践。虽然我国自改革开放以来，在经济建设方面已经有了不俗的成绩，但中国的综合国力在迅速增强的同时，传统经济发展的弊端日益凸显了出来。因此，近几十年来全国各地的学者从未间断从不同领域探索生态经济。

目前，关于生态经济的研究主要集中在以下几个方面：制度约束的视角、生态系统服务价值的视角、生态经济学的方法论视角、生态经济理论与实践的视角。

从制度约束的角度看，生态经济是一个系统约束型经济。法律约束机制是整个制度机制的依据；生态转移支付机制、区域协调机制和市场价格机制是整个制度机制形成和实现的手段；生态补偿机制是最终目标。[2]

国外学者较早就开始从生态系统服务价值的视角研究生态经济。研究学者和实践研究者（Kapp，1950；Pigou，1920；Schnaiberg，1975）从多角度指出经济快速发展在带来效益的同时带来了污染和生态资源的消耗与破坏。早期的多数研究只是从经济与生态环境的角度考虑两者之间的关系。因此，后期学者在这个基础上考虑了很多的因素。Spash 和 Villena（1999）等提出经济、生态环境、社会系统、资源环境是相互依托的，任何一项的发展都需要其他三者的支持。Lehtonen（2004）提出需要将社会这一因素考虑在内，综合考虑社会、经济、环境三者之间的关系，生态环境离不开社会这一维度。这也是生态经济的理念与内涵的表现。

从生态经济学的方法论视角看，生态经济学的方法论是一种综合的、替代的，解决不确定性问题的方法。它严格区分市场价值和社会选择，是多位学者结合多学科、多技术提出的生产性质的新定义。[3]

从生态经济理论与实践的视角看，生态经济学分析的是人与自然之间的关系，其目的是协调这两者之间的关系，这也是它与其他经济理论之间的一个显著区别。目前，对于我国学者来说，关于生态经济内容的研究主要包括三个方面，即生态建设、生态保护和生态恢复。生态经济能否变成一种经济形式，成为一个值得我们关注和探讨的问题。[4]

国内学者关于生态经济学的研究开始于 20 世纪 70 年代末到 20 世纪 80 年代初，其中的代表之一许涤新先生在 1980 年主持召开了生态经济座谈会，掀起了生态经济研究的热潮。到了 20 世纪 80 年代中期，我国研究学者结合我国经济发展的具体情况和基本国情，对生态经济进行了研究并取得了较好的成果，形成了一定的研究理论，如生态经济协同发展理论。到了 20 世纪 80 年代后期，经济一体化的概念提出后，人们对生态的关注也越来越多，对生态经济和谐发展的呼声也越来越高，研究的问题和领域也越来越广，同时产生了更多的理论，如生态经济理论、循环经济理论等。根据我国经济发展的实际情况发展生态经济，不仅能解决生态、经济、资源之间的矛盾，还能兼顾现实社会的利益，能更好地为后续经济的发展服务。

2. 生态经济指标考核与指标体系

相比于生态经济含义方面的研究，对生态经济考核体系的研究则更晚，其开始于 20 世纪 90 年代。生态经济发展的指标来自可持续发展的指标，可持续发展的指标最早是由国外学者 Pearce 在 1991 年提出的。他根据资产处置方法的不同，将经济可持续发展的指标分为强可持续性和弱可持续性，这被我国的学者封新林评价为与生态经济评价指标相关的一个重要里程碑。在此研究的基础上，各国的研究学者在自身研究的领域中提出了相关的生态经济指标评价体系，如 1993 年美国建立的资源环境经济核算体系（SEEA）、1996 年 David Pears 提出的绿色国内生产总值 GDP、1998 年日本提出的广义资源环境账户体系理论框架（CSEEA）、1990 年 Herman Daly、Jhon B. Cobb 提出的可持续经济福利指标（ISEW）等。此一系列的生态经济指标核算与评价体系的提出，为评价一个国家的生态问题和整个国家的经济融合发展提供了依据，也为一个区域或地区的生态经济发展评价提供了思路。

国内也有较多涉及区域生态经济发展评价体系与发展模式的研究。在生态经济发展评价指标方面有较多的学者进行了研究，其中具有代表性的学者有封新林（2005）、王书玉（2006）、孙中峰（2008）、孟民（2008）、李春花（2009）、苏小玲（2013）、黄和平（2014）等人。

2005 年，封新林提出了生态经济可持续发展评价指标体系，并在安徽省进行了实例探索 [5]；2006 年，王书玉从县域的层次提出了生态足迹的经济评价体系与评价方法，以期建立合理的区域生态经济评价系统 [6]；2008 年，孙中峰等以甘肃省徽县为研究对象评价了其区域内的生态经济系统健康情况 [7]；2008 年，李昭阳等从城市范围内研究了生态经济评价体系，并以吉林省为例，建立了多指标评价模型[8]；2009年，李春花等人研究了以资源为基础的生态经济城市的生态系统质量体系[9]；2013年苏小玲研究了草原生态经济系统[10]；2014年，黄和平、彭小林、孔凡斌等研究了生态经济区的生态经济系统[11]；等等。

在生态经济发展模式方面的研究学者主要有李梅芳（2008）、荆立新（2009）、陈志琴（2011）、徐颖（2014）等人。

李梅芳（2008）、陈志琴（2011）等人从区域的角度研究了县域范围内的生态经济模式。李梅芳提出了县域生态发展模式并在河南省邓州市进行了实证研究，陈志琴则认为县域生态经济是一种非常灵活的模式。他们认为在县域范围内促使经济生态化，可以对经济发展起到协调作用，同时，可以促进当地的资源投入分配的合理性，引导经济发展的走向。荆立新（2009）则是从生态产业模式层面进行了研究，其研究的对象是林业生态，他认为在林业发展生态经济是林业经济发展的一条必经之路，也是一条重要的发展出路。徐颖（2014）则是从多层次的立体的角度研究生态经济，他认为现有的城市发展应该是多元化、多样化的。因此，对于世界性的城市发展来说，就应该建立具有国际化的、生态景观丰富的城市网络发展空间。

在其他方面，如区域经济功能区划和生态经济也有许多学者进行了研究。

刘薇（2009）认为新形势下国家经济功能区划有了不同的建设思路与建设规划，此类规划将对生态经济的发展提出新的要求。因此，生态经济在建设时必须要求科学地规划，需具备区域指向性。周长进等（2009）从多方面（如城镇化、全球化等）对现有的经济现象和经济问题进行了研究，并在此基础上结合我国生态环境治理、生态保护问题，提出了合理规划城市建设，积极建设生态工业化、生态城市、生态环境等对策建议。张亮（2014）等在研究现有的功能区划的基础上，提出解决自然环境与当地经济发展之间冲突的方法与对策，同时他认为生态功能区划的发展是必要的。

1.3.2　生态经济产业研究

生态产业在生态经济研究方面是一个新兴的领域，目前的研究主要集中在相对基础的成果方面，如生态产业的界定、竞争力和发展策略等。

1. 生态产业的界定

关于生态产业的界定研究，应先探讨生态产业指导理论依据。目前，人们对生态产业指导理论依据的分歧较大，主要包括生态学基本理论、生态经济原理和知识经济组合指导理论、产业组织理论和循环经济理论。

认为以生态学基本理论为依据的代表有尚杰、于法稳（2001）、方一平（2002）等。他们认为，生态产业分工的标准应遵循生态学的基本原则，在划分过程中，以能源的循环规律和能量守恒转化定律为标准，以自然、社会和经济复杂生态系统的动态平衡为目标，并且以生物学为劳动对象[12]；在产业认定时，工业和经济部门、农业自然资源被用作劳动数据和生物科学技术，成为生产性活动的劳动工具；生态工业正在不断开发基于所有现代技术的累积结果的不可再生自然资源的替代品，同时促进可再生自然资源的升值[13]。

认为生态产业的指导理论是生态经济原理和知识经济组合指导理论的代表有蒋菊生（2004）和彭宗波（2005）等。他们认为生态工业应该是以生态理论为指导，以自然资源系统的承受实力、高效的经济过程、协调的生态功能为基础，依照生态经济原则和知识经济规律构架的网络演化产业。[14] 而且，他们认为生态工业将生态工程方法应用于社会生产活动中[15]，并强调了一些重要的概念，如整体预防、生态效益、环境战略和完整的生命周期，模拟自然生态系统，建立高效的工业系统[16]。

陈效兰等认为生态产业的指导理论是产业组织理论和循环经济理论。这部分学者认为生态产业应该是以生态系统承载能力为基础，以产业生态学、循环经济学、协作理论为基础组织的产业，在自然、社会、经济、技术等方面有着高度的合作关系。[17]

（1）在生态产业分析层次方面，刘思华、孙长学、李周等人提出了自己的看法与观点，大多数学者认同的是刘思华的观点。

刘思华认为，生态产业不妨表述为在保护环境、改进生态等方面，利用绿色技术缔造生态环境产品或效益；为生态环保和建设服务，或者可以认为是在满足生态环境要求时与绿色产品相关联的部门及行业的集合。[18]

孙长学（2006）认为，生态产业首先是指所有产业活动的生态化，也就是说人们在满足自身日益增长的物资产品和文化产品的需求的同时，一定要尽可能地降低对自然资源的消耗，减少对环境的破坏和污染，考虑到对自然资源的保护，达到人类的生存、社会的发展和资源有效利用三者之间的平衡；其次是指各种专门的环境产业部门，如终端污染控制、振兴生产技术、绿色产品和环境功能服务等。[19] 李周（2009）指出生态产业可以分为三个层面：首先是宏观层面，可制定生态产业发展战略及相应的法律法规和政策，确立国家发展目标和企业行为规范；其次是中观层面，可以创设生态工业园区，为企业或产业的集群、整合提供一个平台；再次是微观层面，可以进行生态技术创新和应用管理，每个任务可以细分为具体行动。[20]

（2）在生态产业细分方面，不同的学者观点不同。

一部分学者将生态产业根据传统的农业、工业、信息业和服务业分析方法细分为四个方面，其代表学者有陈效兰、孙长学（2008）等。他们认为生态产业分为四个产业：由于农业可以分为林业、畜牧业、渔业，因此生态农业也包含生态林业、生态畜牧业和生态渔业；生态工业则应该包含废水、废气、废渣、废料等回收处理工程[21]；生态信息业主要包括生态信息的接收与整理技术等行业；生态服务业是为居民或者企业提供服务的产业，如生态旅游业、生态产品业[22]。

另一部分学者认为生态产业可以分为三大部门，三大部门是直接生态环境部门、间接生态环境部门和生态环境技术部门。由三大部门管理十个产业群，其代表学者是刘思华（2000）。其中，十个产业群具体如下：

①基于设计技术的科技产业集群，其主要业务是发明、发现、生产、销售和设计技术。

②基于设备制造的生态环境技术硬产业群，主要以装备制造为主，其主要业务是生产和制造环保、建筑和监测仪器设备。

③以咨询、软件开发为主的生态环境软技术群，该产业群的主要业务是为生态环境部门进行咨询策划，并对生态环境中使用的软件进行开发与维护。

④以处理各类污染物为主的"熵"处理产业群，该产业群的主要业务是废气、废渣、垃圾处理回收循环利用。

⑤以再生资源利用为主的资源综合利用产业群，该产业群的主要业务是进行再生资源回收、加工与利用。

⑥以创造生态产品、创建生态收益为主的生态环境收益产业群，该产业群的主要业务是以江河治理、防旱防涝、生态养殖、林业保护等为主。

⑦以生态保护为主的自然生态保护产业群。

⑧基于生态环境监测与自然灾害的预报及防治的产业群。

⑨生态环境文化教育产业群，是以生产、传播生态文化和环境知识为主的产业群。

⑩以生态信息服务为主的生态环境信息产业群，该产业群的主要业务是生态媒体的制作、宣传、出版以及生态环境的宣传、报道、出版等。

间接生态环境部门的属性与其他两个部门相似。但是，它的生产活动形式不是单独存在的，而是与其他两个部门的产业群相融合，包含在四大产业内的。因此，它也成了传统产业和部门生产经营过程中不可或缺的内容。[23]

还有很多学者认为生态产业模式包括生态农业、生态工业、生态服务业三个部分，如尚杰（2001）、毛德华（2003）、李棕（2010）等。

孟凯（2005）认为生态产业的性质特征是利用生态技术系统，通过使用多种材料和能源或回收利用，尽可能地将投入生态系统的资源转化为生态产品，以达到减少浪费的目的，并确保自然资源的再生与利用和经济的良性发展。[24]麦全发（2005）认为，生态产业遵循生态建设的基本原则，坚持人与自然和谐共处的原则，实现全面的多目标决策；遵循整体—协调—循环—再生、地域分异与生态适宜性的基本原理，保证自然资源的循环再生利用，充分开发具有生态优势的名优产品，形成生态优势产业。[25]陈效兰（2006）认为，生态产业与传统产业相比具有横向联合、纵向闭和功能导向的特点。[26]熊艳（2009）指出相对于传统产业经济的发展模式，生态产业的发展模式具有明显的特征，即减少了原材料的投入、减少了废物排放、减少了环境污染，这是生态产业最明显的特性。[27]刘思华（2012）认为生态产业是经济社会发展的基础产业，是一个高度渗透的、长跨度的行业，生态产业系统兼具生态系统、经济系统和社会系统的一些特点与功能，形成综合的边缘交叉型产业。[28]廖道彬（2013）认为生态产业所提供的生态产品中，最主要的部分是共享产品和共享资源，其生态价值极高，满足生态需求，具有极强的公益性，产生的社会效益极大。[29]

2. 生态产业的竞争力研究

研究生态产业竞争力的学者较多，余德辉和王金南（2001）、马海虎等（2006）、丁毓良（2007）、张雪梅（2007）、高尚宾（2008）、王念（2010）、徐志朋和郭晓林等（2011）、陈治亚（2015）、姜仁良（2017）等人从多方面进行了研究。

余德辉、王金南（2001）指出生态产业有资源利用率优势、高新生产技术优势和生态环境优势。[30]

马海虎等（2006）认为在服务业生态化过程中包括的内容较多，涉及人员、模式，与其他的产业也需要相关联。[31]

丁毓良（2007）则认为生态农业在减轻农业生产对自然资源、能源的消耗和使用、保护农业生态环境、对农业生产所产生的废弃物进行资源化利用等方面具有独特优势。[32]

张雪梅（2007）比较分析了福建省和东部省份生态农业的竞争力，通过优化生产要素，扩大需求，扩大政策提高了福建省生态农业的竞争力。[33]

在具体的生态产业中，高尚宾（2008）指出生态农业强调农业生态系统的整体效益和生产结构的优化，有利于形成良性循环的运行机制，促使生产方式的根本变革。[34]

王念（2010）以实证的方式研究了产业竞争力与生态之间的关系，为中国汽车工业的发展战略和政策制定提供了理论依据。[35]

徐志朋、郭晓林等（2011）则认为生态产业具有明显的效益优势，能给产业带来极大的竞争力，这也是生态产业的竞争优势。[36]

张复明（2011）主要研究生态服务业的竞争力，认为传统服务业向生态服务业的生态转型主要表现在服务人员在作业过程中的清洁与生态化和服务业的可持续发展的转变。[37]

陈治亚（2015）阐述了产业链系统的生态特征，分析了产业链竞争力的演化机制。产业链作为一个生态系统形成了一个清晰的生命周期。产业链的竞争力随着产业链系统的生命周期而变化。[38]

姜仁良（2017）认为不断提高生态产业的竞争力是进一步推进生态文明建设的重要基础，必须与当地的自然、经济、文化和其他条件相结合。[39]

李阳明（2018）从新形势下城市生态建设面临的生态问题出发，提出了城市生态建设的基本要求和与城市经济竞争力协调发展的对策；重视科学发展、可持续发展、绿色低碳，加强城市生态产业建设、城市生态林业建设，并以生态发展为原则，为城市生态建设和城市经济协调发展提供了良好的思路。[40]

对于生态产业效益计量的研究，Emmanuel 等（2008）从制度创新的角度对社会产业技术发展水平进行了分析，并对产业发展模式的演进过程进行了较为深入的研究，讨论了在生态化战略管理及治理的方法下，传统产业生产系统如何以生态化为导向进行产业转型与升级的问题。[41] Murat（2009）根据生态产业理论指出，环境创新点的培育在产业生态转型中起着重要作用。[42] 李广明、黄有光等（2010）基于自然资源与环境经济学建立了成本效益模型，分析区域生态产业网络带来的成本与效益的问题。[43] 李强等（2010）指出，生态产业的作用是防治环境污染、保护生态环境的技术保证和物质基础。[44] 李广明、黄有光等（2010）提出生态产业社会效益定量分析的紧迫性，社会效益内涵、计量指标体系和评价模型是关键问题。[45]

3. 生态产业发展策略研究

袁天昂（2010）认为，生态产业的发展主要依赖于政府的金融政策。[46] 任保平（2009）和王兰军（2011）等学者认为，资本市场是培育生态产业的融资关键。[47][48] 顾海峰（2011）认为，银行信贷才是生态产业融资的主要出路。[49] 肖兴志等（2011）学者认为，对政府在生态产业发展过程中扮演的角色与作用不能仅限于机制的设计、组织和政策控制，而应直接参与生产领域。[50] 钟清流（2011）和万军等（2012）认为，政府不能干预大部分生态产业的培育和发展过程，只能充当组织者的角色而不是主要攻击者的角色，不能发挥主导作用。[51][52] 时杰（2010）和白千文等（2011）却认为，处于初创期的生态产业需要政府的直接扶持，发挥政府的主导作用，理由是此时的生态产业是弱势产业。[53][54] 刘焱等（2011）和万钢（2015）提出，生态产业培育和发展过程受到多方面因素的影响，如产业的市场前景、该产业在市场发展过程中的潜力及产业发展过程中需要的资源、生态产业本身的产业结构，当然还有一个更关键的因素，那就是科学技术创新这一关键要素的影响。[55][56] 朱迎春（2011）认为，产业发展的外部动力在很大程度上依赖于政府的激励扶持政策。[57] 吴慈生等（2015）认为，生态产业发展的内在动力是知识创新与技术创新。[58]

1.3.3　生态经济的研究方法

随着人地关系日益紧迫，自然资源供需不平衡的现象越来越严重。各种现象表明，传统的经济发展模式已不能适应当前社会发展的需要。在科学技术对产业结构的巨大推力下，"生态经济"这种新的经济发展模式应运而生。我国"生态经济"起始于 20 世纪 80 年代，这些年来，我国的研究学者在原有的生态经济的研究基础上，结合目前生态环境出现的实际问题，不断对生态经济理论及研究方法进行创造性探索，推动着生态经济的研究进一步发展。

关于生态经济考核与评价，其研究主要从五种方法入手。这五种方法分别为价值核算法、系统动力学法、多目标规划法、能值分析法、生态足迹模型法。[59] 同时，在研究中以经济的循环与可持续发展等理论为支柱。另外，还参考了定量衡量与整合模型的研究方法[60]，从国际化的眼光看待生态的可持续发展。

1. 资源环境价值核算方法

西方国家在经历 20 世纪 50 年代影响全球的巨大损害事件[61]之后也开始重新审视环境管理工作，对传统 GDP 核算标准也越来越感到质疑，这无疑促进了各国研究学者对自然资源核算的进一步研究。

自 20 世纪中期以来，世界上已有多个国家的相应部门开展了资源环境核算理论及方法的研究。[62] 我国自然资源核算的研究始于 20 世纪 80 年代，相较于英美等发达国家来说起步较晚。随着环境污染与资源短缺的不断恶化，传统的经济价值核算方法已经不适应当下社会的发展需要，在国家倡导的可持续发展的大背景下，新的经济价值核算体系——资源环境价值核算方法应运而生。我国中央人民政府领导下的可持续发展研究中心在 1988 年启动的《自然资源核算及其纳入国民经济核算体系》课题相关探讨，是我国第一次进行关于资源环境价值核算的全面研究。[63] 随后，国家环保总局和国家统计局进行了一系列重大课题研究与实践。

该方法突破了以往 GDP 的计算方法，在"既要金山银山，也要绿水青山"的倡导下，提出了一个资源环境经济模型框架。[64] 以往众多研究者认为，大家口中的绿色 GDP 就是简单地从现有的 GDP 总和中扣除在经济生产过程中损失的自然资源消费资料和造成的环境污染损失。一些研究专家则认为，绿色 GDP 是扣减自然部分的虚假进步和人文部分的数据造假之后的剩余价值的总和。实际上，这些方法都只是简单地扣除了经济进步带来的环境成本，却没有考虑到生态经济给自然资源及环境带来的增值。因此，在计算经济价值时应该将经济增长为环境带来的有益增长的价值也要算进去。因为经济增长也会反作用于环境，给环境带来积极影响，如农业、林业发展带来环境质量的改善，水利工程的建设会相应减轻洪灾和旱灾，等等。这样才算是对绿色 GDP 概念的完整描述。

2. 系统动力学法

系统动力学的主要原理是将时间序列数据转化为微分方程，建立经济系统发展的动态模拟模型。与以前的模型研究方法不同，系统动力学可以更准确地分析研究系统。

张明胜（1986）根据农业生态经济系统的系统动力学设计定量研究农业生态经济系统，利用系统动力学设计农业生态经济系统。[65]

陈爽（1996）以库勒地区为例，用系统动力学方法讨论了绿洲生态经济规划模型的建立方法，完成了生态经济规划模型的实际研究。[66]

佟贺丰、曹燕等（2010）构建了北京市系统动力学模型，通过构建"资源—环境—经济体系"的动态模型对模型进行情景模拟，对资源、环境、社会经济指标基础运行进行结果分析，从而揭示不同发展模式及其组合相对应产生的环境效应，为构建环境友好型社会提供了相关理论依据。[67]

李杰兰等（2009）在不断变化的资源依赖、环境投资和经济发展的技术因素的基础上，对可持续发展模型进行了探讨。[68]

勒瑞霞等（2015）利用系统动力学方法和 Vensim 软件建立了格尔木市生态经济损失的系统动力学模型。结果表明，格尔木生态经济损失将逐年增加，未来需要加强生态建设，加大环境管理投入，合理调整产业结构，提高资源综合利用水平。[69]

王格（2017）以黄河三角洲高效生态经济区为例，研究和探索经济区的发展模式。他采用系统动力学方法建立了黄河三角洲复杂生态经济体系的相应子系统模型和一般模型，为黄河三角洲高效生态经济区的发展提供了方向。[70]

基于可持续发展的概念，黄元浩等（2018）以系统动力学理论和 Vensim 建模软件为基础，并选取旅游风景区进行数据采集，对承载力系统进行仿真模拟并检验其有效性。[71]

桑朝旭（2018）针对兰州市经济社会发展中存在的问题建立了兰州市循环经济体系动态模型，在确定系统边界的基础上，将城市循环经济系统分解为人口、经济、资源、环境四个子系统，分析了影响城市循环经济体系的主要因果反馈关系，为兰州市循环经济的发展建设提供针对性的建议。[72]

李键等（2018）通过建立云南农业可持续发展模式，将模型分为经济、社会、环境和技术四个子系统，在多种情景下改变了有机农业发展的参数。仿真模型模拟了未来云南的农业发展，根据结果提出了品牌化、集约化、集群化等高附加值道路，是云南有机农业发展的有效路径。[73]

3. 多目标规划法

在中国，多目标规划的主要应用领域多局限在微观层面，诸如交通线路、物流网络、城市规划等。刘满凤、刘玉凤[74]等人为北京自然环境与经济协调发展建立了多目标规划模型。但该模型基本与经济理论脱钩，本质上只是包含了 GDP、三次产业占比、人均收入等经济概念的一般决策模型。张晓娣[75]在 2010 年基于投入产出矩阵建立了最大化 GDP 和最小化 CO_2 排放的双目标规划模型，这一模型的局限在于仅考虑线性关系和两类目标，无法反映经济—环境系统的复杂特征。总体上，作为一种技术工具，多目标规划模型尚未进入正规经济学分析与应用的视野，其对宏观经济决策与政策设计的重要方法指导功能仍有广阔的开发空间。

4. 生态经济发展的定量测量方法

生态经济发展的定量测量方法大致可分为三类，分别是系统理论综合评价指标体系构建、基于环境货币化估值的指标体系及具体的生物物理衡量的指标体系。[76]

第一，综合评价指标体系构建。就目前来看，"驱动力—状态—响应"指标体系是现在运用比较广泛的一种基于评价的体系。[77]在差异化的区域和标准的研究目标中，近年来不同的研究者构建了不同的指标体系。比如，在研究地区经济发展状况方面，张冬梅等[78]与郭志仪等[79]分别构建了贵州省和青海省的综合评价指标体系，同时利用了良后的熵值法，在此基础上确定对应的权重比例大小，从而达到对生态经济的准确性评估。另外，在较微观的尺度上，李叶[80]在对外来树种的研究模型的构建中，运用了构建综合评价指标体系的研究方法，对外来树种开展了量化探究。

第二，基于环境货币化估值的指标体系。近 20 年来，对该方法的研究已涉及系列理论、定位仿真和改进等方面的研究和探索。例如，徐中民等[81]通过运用环境价值货币化的定量讨论体系，评估了在研究生态经济时用货币化估值指标体系研究方法的利弊。另外，修瑞雪等[82]也综合评估了绿色 GDP 的几种普遍应用的指标，并剖析了这些指标在各个国家的使用情况，从而得出在绿色 GDP 核算中存在的一些问题，从中分析相对应的解决途径和方法。但同时，王茂园[83]指出了该指标体系在实际应用中仍然存在着一定的困难与障碍等待着我们去克服。

第三，具体的生物物理衡量的指标体系。生物物理测量模型大致包括四种类型：生态足迹模型、能值模型、生态系统服务价值模型和生态经济系统整合模型。

一是生态足迹模型。采用该模型方法计算了可以可持续提供资源和材料的生物生产性地理空间，并计算了该区域的环境承载力，由此得出该空间生态环境的安全标准。其主要方法是利用数理统计将社会经济发展目标和生态足迹联系起来，讨论该区域可持续发展能力变化的原因。

根据人们的生产使用项目进行分类，大致可分为动力资源和生物资源两大类。在利用能值转换率的基础上得出各个生产使用项目对应的太阳能值，之后将每个生产使用项目的人均能源价值转化为相应生物量的生产用地面积。其计算公式[84]：

$$EF = n \times ef = n \times \sum (C_i/p_2) \qquad (1\text{-}1)$$

$$P = e/s \qquad (1\text{-}2)$$

在式 1-1 中，EF 表示生态经济研究区域的能值生态足迹，n 为生态经济研究区域的总人口数，ef 表示生态经济研究区域的人均能值生态足迹，C_i 则表示第 i 种资源的人均能值，p_2 是区域平均能值密度。

在式 1-2 中，P 是能值密度，e 表示区域总能值，s 表示区域土地面积。

近年来，采用生态足迹模型进行研究的学者较多，具有代表性的研究学者如下：

史丹、王俊杰（2016）在生态足迹模型的基础上，对生态压力和生态效率进行了测量和评价，认为人均生态损益代表生态压力，人均 GDP 生产单位代表生态效率。研究结果表明，中国的生态效率低于金砖国家的其他四个国家。[85]

任海军、唐晶（2016）利用生态足迹作为生态变化的指标，并选择从 1999 年至 2009 年 10 多年以来的 30 个省（市）的数据作为数据分析对象，采用位点模型，对 30 多个省的经济增长、能源效率和产业结构的区域差异进行了研究。[86]

吴朝阳、周璨（2017）鉴于生态经济发展的需要，采用合理的量化指标指导和评估绿色发展做法中的经济做法，在此基础上提出了基于生态足迹分析的生态效率计算，并尝试将生态可持续性与社会经济可持续性评估相协调，并以中美两国为例，计算了 2004—2014 年间的生态效益。[87]

徐秀美、郑言（2017）以生态足迹为基础，分析了旅游生态承载力，为旅游生态服务的发展提供了良好的参考。[88]

这些结论不仅有助于自然资本利用和经济的协调发展，还对生态脆弱地区的自然资本核算及生态系统与经济社会制度的关系具有一定的理论价值。[89]

仇蕾、崔韵文（2018）测量了近十年的江苏省生态足迹，建立了 LMDI 生态足迹分解模型，分析得出各地区之间的整体差距逐年缩小，苏南、苏中、苏北地区差异明显；应加强区域间发展，促进江苏南部、中部和北部三个地区的技术学习和经济互补。[90]

党小虎等（2018）基于生态足迹思想与方法，对黄土高原生态足迹时空变化及承载能力进行了定量分析。[91]

杨晓俊等（2018）在生态足迹理论模型的基础上，构建了生态安全格局，建立了生态应力指数标准；针对西安生态休闲空间存在的问题，优化调整西安市生态休闲空间布局，构建生态休闲廊道系统，对城市生态文明建设具有重要意义。[92]

宫盛男等（2018）分析了不同空间状态下的生态足迹。结果表明，"空间兼容性"本质上是对城市的绿色生产性复垦，将应对资源短缺的着眼点由节流转向开源，以便更好地指导资源的可持续利用和城市的可持续发展。[93]

王刚毅、刘杰（2019）提出基于改进的水生态足迹模型，计算了 2001 年至 2016 年中部平原城市群的水生态足迹和水质生态足迹，从宏观和微观层面构建评价模型和协调模型，研究区域经济发展与水资源环境协调的关系。[94]

二是能值模型。其功能是为生态经济体系中流动和储存的各种能源和材料建立统一的核算单位，并在经济价值分析和自然能源分析之间架起桥梁。其主要指标是人均能值生态承载力。

该生态经济的研究模型的推算公式如下：

$$E_C = e_c \times n = e/p_1 \times n \qquad (1-3)$$

式中：E_C 表示研究区域的总体环境能值承受程度；e_c 表示人均环境能值的承受程度；n 为研究区域的总人口数；e 为在被研究区域内人均获得太阳能值的大小；p_1 表示全球范围内平均能值的密度程度，是全球范围内太阳能值综合与地球总面积之比，一般情况下取 3.104×10^{14} sej·hm^{-2} 这个值。在估计能值的生态承载能力时，主要考虑太阳辐射能、雨水化学能、雨水势能、风能及地球旋转能这五种可更新资源的能值。由于前四种能值均是太阳光在能量流动中的转化形式[95]，为防止重复计算，所以只取最大值。扣除用于保护研究区生物多样性的12%的土地，可以在实践中获得人均的人均能量承载能力。[96]

利用能值分析法的研究学者也较多，主要代表有以下学者。

李双成、蔡运龙（2002）根据能源价值分析的理论和方法，构建了土地可持续利用的若干指标，如总能源价值的投入产出比、土地利用工业能源价值的投入产出比、土地利用环境负荷指数与可持续土地利用指数。[97]

张军民（2007）利用能量价值理论和方法对山地、绿洲和荒漠能量流的耦合机理和系统表达进行了计算、测量和比较，为绿洲生态系统的研究提供了科学的理论和方法；提出引进关键稀缺高能源资源，加强对高能源产品的反馈支持和贸易产出，释放能源价值利用和转化潜力，巩固生态流的能源价值基础。[98]

梁巧转等（2007）以生态研究中的能源价值分析理论和方法为基础，构建了基于能源价值的可持续发展指数研究模型，它为复合型企业系统开辟了定量研究方法，对构建和谐社会具有一定的参考价值。[99]

张雯等（2008）以柴达木盆地农牧生态经济体系为例，通过进行一系列能源指标和能源价值的投入产出分析，对海西地区农牧生态系统的特点进行了定量分析，发现了农牧生产中存在的问题，为本地区及类似地区的农业、畜牧业的可持续发展提供了科学依据。[100]

谢雨萍、关俊利（2009）建立了反映系统投入和产出的定量指标体系和生态农业旅游系统，运用了动态监测系统，并指导旅游业的可持续发展。[101]

陈克龙等（2011）通过对2007年西宁生态经济系统价值比、环境负荷率、人均能源价值利用和可持续发展指标的定量分析，与中国其他城市进行了对比。为了实现城市生态经济体系的可持续发展，除了充分利用优势资源外，还必须引进外部资源，促进物流、能源和资本的合理流动。[102]

金丹、卞正富（2013）以徐州市为例，运用能量理论和方法，在生态系统GDP框架下评价生态文明，得出结论：基于能源价值的GDP指标比传统的单一GDP指标更加科学合理，并能实现与其他国家或地区的比较，是评价生态文明建设指标的有效尝试。[103]

王楠楠等（2013）利用能源价值理论和方法，建立了旅游生态系统的能源价值分析模型和可持续发展的能源价值指标体系；以九寨沟自然保护区为案例地，对九寨沟的自然、经济（旅游）和社会综合系统能量流、物流和资本流的能源价值进行定量测量。[104]

李春发（2013）采用能源价值分析法对天津滨海新区1995年至2011年的能源价值流动、经济发展的环境压力及其与可持续发展的关系进行了研究，指出天津滨海新区的开发主要依靠不可再生资源，但环境负担比不断增加，人口承载能力不断下降，新区的经济发展给生态环境带来了巨大压力，为了保持新区的经济增长，必须优化资源利用结构，提高废物循环利用率，促进新区工业生态系统协调发展。[105]

马凤娇等（2014）建立了基于能源价值分析框架的农田生态系统服务评价体系，对河北省部分县域的农田生态系统进行了研究。[106]

王显金、钟昌标（2017）在综合利用能源价值分析法、生态足迹法等生态经济学方法、Shannon-Wiener 指数和生态消费系数的基础上，建立了沿滩生态补偿能值的扩展模型，计算了不同时期滩涂的生态溢流值；在调整生态价值的基础上，建立了沿海滩涂围垦的生态补偿标准；最后，以杭州湾新区为例，计算区内填海的年度生态补偿标准。[107]

潘鹤思等（2018）根据森林生态系统服务的定义，系统地总结了森林生态系统服务的评价方法，并在此基础上，说明今后的相关研究应更多地侧重跨学科、多方法的组合和森林生态系统服务的详细评估，以提高政策管理的效力。[108]

三是生态系统服务价值模型。距今 40 多年前就有部分学者展开了对生态系统的服务价值的探索，其中自然生态中森林对应的服务功能被作为生态服务功能评价中非常重要的实证研究对象。早在距今 20 年前左右，全国的生态系统及区域的生态系统的相关研究成果就陆续发布。经过何浩等学者[109]的努力，我国生态系统服务功能中大陆部分的价值得以开展相应的估算；对于都市、湖泊等典型生态系统范例，也有肖玉、徐俏等优秀学者开展了有效评估。总体来说，单一功能的生态系统服务价值研究较多，关于复合功能方面的价值评估十分稀缺。

四是生态经济系统整合模型。近年来，社会上对该模型的研究报道越来越多。而在众多的生态经济系统整合模型中，非线性动力学理论是较为常见的理论研究模型。比如，李怀宇[110]提出了海洋生态经济复合系统非线性动力学；陈六君建立了生态经济非线性动力学模型，对生态经济体系的现状进行了大量的研究；孙兆刚[112]通过研究资本、制度、技术等多重因素，构建了生态经济系统整合模型，进行了深度理性研究。根据目前各个学者的研究现状，生态经济系统整合模型需要加强对未来趋势的预测性。

随着经济的发展、环保意识的增强、竞争压力的增加，政府、企业、机构越来越关注生态经济的研究。总之，在环境与经济相互协调、共同发展的前提下，对当下先进的科学技术与生态理论知识进行综合运用与操作，实现经济和生态的良性循环，将促进经济、社会、环境的协调发展。只有这样，我们才能尽可能快速地发展经济社会，为下一代留下更多的资源与契机。

1.4　研究思路与方法

1.4.1　研究思路

　　首先，分析本研究的背景、目的与意义，并通过文献的检索、分析、整理基础理论与基础方法，如生态经济学、区域经济学、可持续发展理论、循环经济理论等，为本研究奠定基础。其次，分析现有的促进生态经济发展的法律和政策体系，为生态经济的发展提供了法律保障。再次，分别从生态农业、生态工业与生态服务业三大产业视角出发，重点分析我国生态经济的发展现状、转型升级路径、产业模式创新及代表性企业的创新举措，总结提出我国生态经济发展的创新模式与成功经验。然后，结合目前中国生态经济发展现状，分析生态经济发展水平、节能减排绩效评价水平和生态经济发展效率，通过实证研究揭示我国目前生态经济发展态势、节能减排水平和生态经济发展水平。最后，总体概括（图 1.1）。

提出研究问题
- ▲ 本选题的研究目的及意义
- ▲ 研究的主要内容

理论基础
- ▲ 生态经济学可持续发展理论
- ▲ 循环经济理论区域经济理论
- ▲ 可持续发展理论产业结构理论

促进生态经济发展的法律与政策
- ▲ 促进生态经济发展的法律政策
- ▲ 促进生态经济发展的政策体系

生态农业发展模式创新
- ▲ 我国发展生态农业的背景
- ▲ 生态农业发展模式创新
- ▲ 生态农业发展模式案例分析

生态工业发展模式创新
- ▲ 我国发展生态工业的背景
- ▲ 生态工业发展模式创新
- ▲ 生态工业发展模式案例分析

生态服务业发展模式创新
- ▲ 我国发展生态服务业的背景
- ▲ 生态服务业发展模式创新
- ▲ 生态服务业发展模式案例分析

生态经济发展水平评价研究
- ▲ 生态经济发展水平评价指标体系构建
- ▲ 生态经济发展水平的评价方法
- ▲ 生态经济发展水平的实证分析
- ▲ 生态经济发展水平的对策与建议

节能减排绩效评价与提升策略研究
- ▲ 节能减排绩效评价指标体系
- ▲ 节能减排绩效的实证分析
- ▲ 节能减排绩效的结论与建议

绿色信贷支持生态经济发展效率测度与提升策略
- ▲ 评价指标的研究设计
- ▲ 实证结果及分析
- ▲ 研究结论及政策建议

我国生态经济发展路径与策略分析
- ▲ 我国生态经济发展的 PEST 分析
- ▲ 我国生态经济发展的战略导向
- ▲ 我国生态经济发展的路径选择
- ▲ 我国生态经济发展的对策与建议

总结与展望
- ▲ 总结
- ▲ 未来研究方向

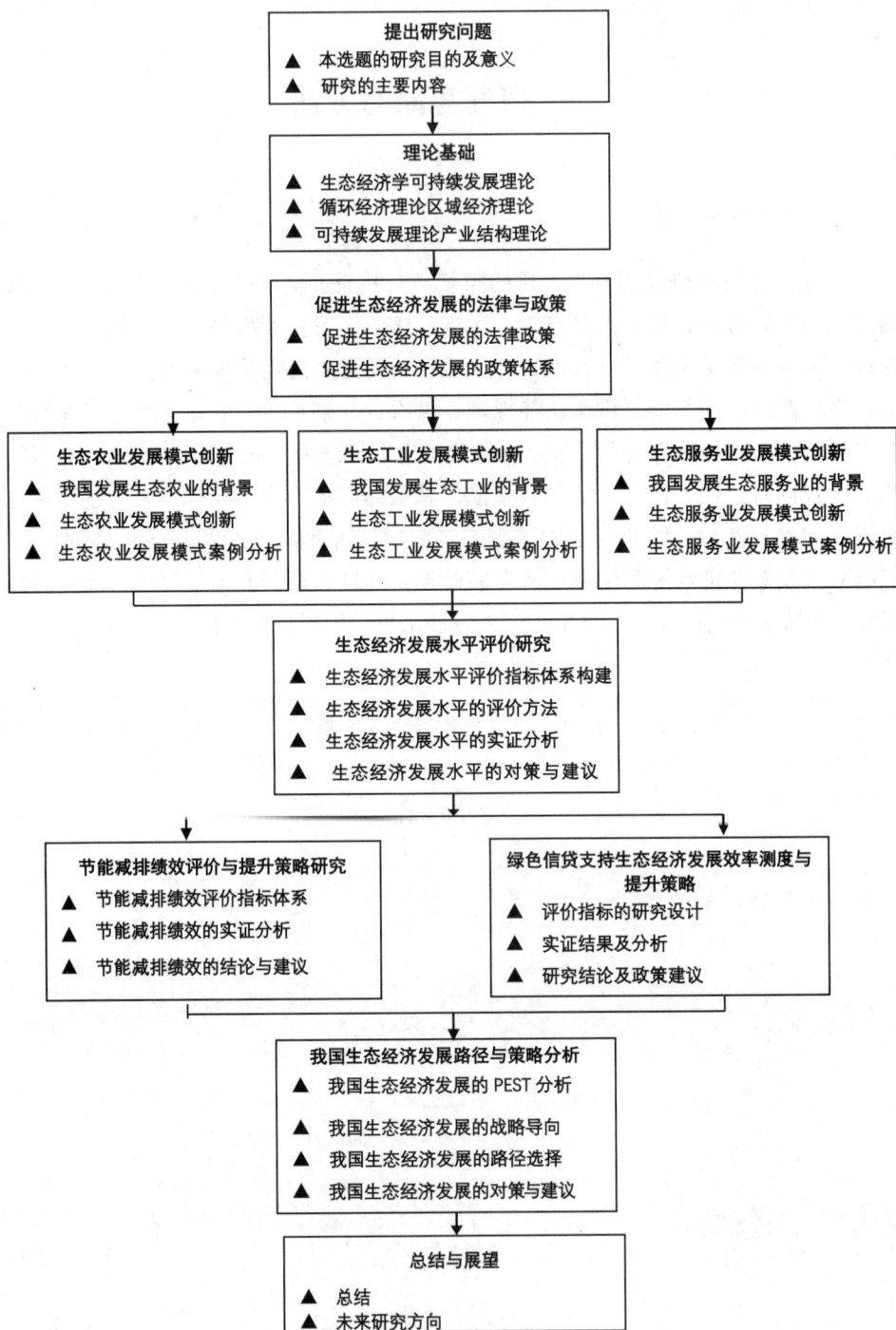

图 1.1 基本思路

1.4.2 研究方法

1. 文献研究

主要用于分析生态经济、生态产业、生态相关法律与政策、节能减排的现状，界定生态经济、生态产业、绿色信贷与生态经济概念及其关系内涵，提出理论假设。

2. 专家访谈

通过对企业家和行业专家的深入访谈及企业问卷调查，收集行业对金融政策和环境法规的看法，并深入探讨了生态经济发展模式创新、绿色金融创新和节能减排等问题。

3. 实证研究

根据相关理论分析，分析节能减排的指标体系的构建，假设绿色信贷规模、利率和结构等因素对生态经济发展具有支持作用。深入调研浙江省和绍兴市近十年的统计年鉴、高耗能行业碳排放信息、节能减排信息、信贷信息和生态经济发展指标等数据，对研究假设进行实证检验。

4. 统计分析

使用熵权法客观地对反映生态经济发展水平的经济发展、社会进步、生态状况三个子系统，GDP、城市人口密度、森林覆盖率等十五个评价指标赋予权重；用投入产出分析方法从宏观角度核算浙江纺织业碳排放的状况，探索其碳减排和产业升级的路径；结合投入—产出理论，从经济学资源配置的视角度量绿色信贷总的产出效率，用单要素生产率度量绿色信贷各投入变量的产出效率。

1.5　章节安排

第1章　绪论。分析影响生态经济发展的环境资源恶化、宏观经济转型等背景，在支持性的法律政策带来新机遇的基础上，阐述本选题的研究目的及意义；提出整体方案的研究思路和研究方法。

第2章　概括目前国内外相关的理论基础与研究现状。从生态经济学理论、可持续发展理论、循环经济理论、区域经济发展理论及产业结构理论等方面全面综述本书所涉及的研究领域的当前研究现状，并进行综合评述，为本书研究奠定理论基础。

第3章　鉴于生态经济的发展需要良好的法律法规支持，针对近些年制定的促进我国生态经济发展的法律法规画出体系框架图；梳理各级政府在环境财政、绿色税费、绿色金融、绿色价格、生态补偿及排污权交易等方面出台的政策；分析指出当前我国治理环境法律政策体系存在的问题和完善方向。

第4章、第5章与第6章　分别从生态农业、生态工业与生态服务业三大产业视角，重点分析我国生态经济的发展现状、转型升级路径、产业模式创新及代表性企业的创新举措，总结提出我国生态经济发展的创新模式与成功经验。

第7章　从可持续发展视角出发，结合目前中国生态经济发展现状，依据生态经济评价指标建立的基本原则，选取经济发展、社会进步、生态状况三个方面指标建立反映中国生态经济发展水平的评价体系。通过实证研究，揭示我国目前生态经济发展态势，提出转变经济发展方式、推动城乡经济同步发展、坚持经济与生态协调发展三条建设路径。

第8章　对节能减排绩效评估和改进策略进行了研究。在评价指标构建的基本原则的基础上，构建节能减排绩效评价指标，结合浙江省绍兴市的数据进行实证分析。最后得出绍兴市节能减排的效果与结论，并针对如何有效提升绍兴节能减排绩效，提出政策建议。同时，研究了基于投入产出分析的碳减排路径，并以浙江省纺织业为例，采用投入产出法计算浙江纺织业的碳足迹，在修正参考模型的基础上，对碳足迹核算模型进一步完善，并提出货币碳排放系数，以该系数具有稳定性从侧面反映了纺织业整体碳排放水平与技术水平、管理水平、策略水平发展状况的关系，从行业的角度分析如何节能减排，提升节能减排的绩效。

第9章　是绿色信贷支持生态经济发展效率与提升策略研究。构建"绿色信贷投入与生态经济产出"指标体系，采用DEA-CRR模型分析绿色信贷支持我国生态经济发展效率水平。实证分析是基于2013年至2016年中国21个主要银行业金融机构的生态经济指标数据和绿色信贷余额进行的。从绿色信贷产品创新、政策法规建设、人才培养、信息交流共享及激励机制五个方面给出政策建议，以进一步提高绿色信贷支持生态经济发展的效率水平。

第10章　对前面各章的分析和研究内容进行总体概括，总结全书的主要观点和重要结论，揭示其理论价值和实践指导意义，指出本书研究的局限性及未来研究的方向。

第 2 章　相关理论基础

当今社会，全球经济快速发展，科技生产技术突飞猛进，各行各业的生产力不断提高，人们的生活质量日益提高，但经济快速发展带来的问题也逐渐暴露出来。由于经济的快速发展，我们日常生活中的生态环境受到了严重且持续的破坏，有可能直接威胁到人类的存亡。现今，如何实现经济发展与环境保护和谐共存已成为人们关注的焦点。可持续发展观念、生态经济思想观念逐渐开始萌芽。我们不仅要关注经济如何能以最快的速度发展，还要关注自然生态能够承受的程度，在自然生态承载能力范围内对资源进行最大化利用，尽可能实现经济快速发展。这就是我们在生态经济中所要探讨和摸索的问题与内容。

全球变暖、环境恶化等问题给了我们警告，也在告诉我们一个无法抵制、无法抗拒的事实，那就是生态经济已经向我们走来。生态经济的萌芽和生长不是偶然的，其有着一定的必然性和可能性，是社会经济发展到现阶段的衍生物。虽然之前有部分学者对生态经济进行了相关研究，但是最早正式提出"生态经济"这个概念的是美国经济学家鲍尔丁。他是受到"太空方舟"的启发，认为人类与地球的关系就如同人类与宇宙飞船的关系一样，宇宙飞船之内的一切都可以被转化，有用的东西可以被循环利用，那么人类的生存也必须在地球范围内实现内部循环。20 世纪 90 年代以后，工业文明的快速发展对生态环境造成了极大的影响，并且已经严重到威胁人类生存的地步。面对这种情况，国内外学者从环境保护和可持续发展的角度出发，提出了生态文明的概念，并且展开了相关理论的深入研究。

2.1　生态经济学理论

经济的发展推动着人类社会文明进程的快速发展。与此同时，世界性人口、资源、能源、环境和粮食等问题也随之而来，生态环境恶化给人们敲响了警钟，并引发了世界范围的高度重视。尤其是 1973 年发生的第一次全球性能源危机和 1979 年发生的第二次能源危机及之后产生的环境污染等呼吁人们保护环境、爱护家园。在此背景下，生态经济学呈现在了人们的眼前，它涵盖了经济学和生态学两个学科的理论基础。生态经济学主要是以人类经济发展与自然生态系统的相互作用研究为逻辑起点，是强调多学科交叉的一门学科。

2.1.1　生态经济的产生与发展

生态经济学是 20 世纪的产物。肯尼思·艾瓦特·博尔丁认为生态发展和循环经济是其产生的标志。它是指在经济与环境两者协调实现可持续发展的前提下，合理利用各种现代科学技术和方法，实现经济发展与生态环境良性循环的美好局面，从而实现资源、生态、环境、经济等协调发展。生态资源的承受能力不断提升，经济实力不断加强，便会形成一个集约、高效、延续、强健的社会经济自然生态系统。其目的是使人类社会在生态平衡的基础上实现可持续发展。

20 世纪 80 年代，国际生态经济学会的诞生标志着生态经济学学科的创建。这不但让生态经济学成为一门学科而步入国际视野，而且作为一门学科在发达国家被正式提出并加以研究。

1980 年 8 月，我国的经济学家许涤新教授提出建议，即研究生态经济并成立生态经济学科。1980 年 9 月，经济学家和生态学家完成了第一次深度交流，解决了生态经济学创建过程中的问题。1982 年 11 月，通过第一次生态经济研讨，学者结合我国当时的现实情况，对更广泛的领域进行了生态经济方面的研究和讨论。1984 年 2 月，中国生态经济学会在北京正式成立。

这些年来，生态经济学在中国经历了以下三个十分重要的发展阶段：

第一个阶段研究的是维护生态平衡。研究的主要内容是生态预警的相关问题。

第二个阶段研究的是生态经济相互作用关系。本阶段的发展最重要的成果是全国生态经济科学研究会的成立。

第三个阶段研究的是生态经济可持续发展。

据现有文献看，生态经济学就是在研究生态经济关系的条件下解决生态经济问题。滕藤在 2002 年总结归纳的生态经济发展问题主要包括工业、农业、服务业在生态经济模式下各层面的发展问题；生态经济模式下生态建设与生态价值的问题；经济可持续发展问题；服务业和工业生态经济在各种层面上的发展问题。这些问题为生态经济建设提供了理论依据和方法，并形成了合理的、科学的体系，即生态经济体系。

2.1.2 生态经济所蕴含的内涵和特征

在经济学角度下研究生态、经济、社会三者的关系以及给环境保护、资源节约与经济发展提供宝贵的建议是生态经济的内涵特征。

Robert Costanz 认为，生态经济学研究的是生态与经济两个系统之间的关系，是经济、资源和环境三者之间的关系，是经济学和生态学的有机结合。[113] 国内不少专家学者对此有不同的定义。王松霈（2003）提出，生态经济研究生态与经济两个系统的相互作用后形成新系统。[114] 王东杰等（1999）认为，其研究的是生态与经济之间的关系和规律。[115] 季昆森（2012）认为，其研究的是经济和自然复合而成的新系统的运动规律。[116] 张明君（2013）认为，促进经济增长，维持生态系统可持续发展；通过新系统的角度研究生态经济；实现经济和生态协调发展最理想的模式是生态经济学涵盖的三个内容。[117] 骆鹿等（2012）从哲学的角度提出发展生态经济需要人们对其哲学意义进行深入了解，即正确处理好人与自然、人与人、生态与经济之间的可持续发展，实现它们之间的平衡关系。[118]

尽管生态系统的定义没有其公认的表述方式，但是从已有的研究成果看，它的主要内涵可以概括为两个方面：第一，经济和生态两个系统的矛盾运动突出强调人类经济社会活动与生态环境可持续发展；第二，揭示了生态、经济、社会和自然组成的大系统的内在关系及发展规律，并且探究其内部子系统之间发展的道路。

因此，生态经济主要包括以下三方面的内容。

（1）内在联系互动性：生态经济的研究范围囊括了整个生态领域，尝试着用生态的眼光来分析生态危机对经济发展带来的副作用。生态经济发展过程中将展现其复杂性与整体性的特点，这不仅体现了这个系统中各种事物的多样性及事物与事物之间联系的多样化，还体现了人类对整个系统、整个自然的依赖性，同时整个自然中生物多样性的平衡和调节作用也是人类存在的重要因素之一。因此，人们必须要用客观的观念和态度对待生态系统内部的调节方式，利用各种生物之间存在的关联性、命运共生性和生态结果达成系统的生态平衡。

（2）区域差异性：经济在发展过程中呈现出的特性是与当地的自然资源、气候条件、政治环境紧密相关的。生态经济的发展与当地的生态环境关系更大。由于区域范围内资源条件的不同与生态环境的差异性，生态经济模式也应该各有差异。这就要求每一个国家、每一区域在发展生态经济时必须根据自身的条件因地制宜地选择合适的生态经济发展模式。

（3）长远战略性：我们要考虑的不光是目前短时间内的经济效益，更重要的是长久的生态效益及资源利用配置和自然环境的使用中的公平性。生态经济的研究考虑的是生态保护的问题、资源有效循环利用的问题及环境污染治理的问题。这些问题都需要用很长的一段时间来解决，具有长远性和战略性。

综上所述，生态经济学具有传统经济所不具备的诸多优势和特征，是将自然、社会与人的关系作为一个整体，以系统的观点研究大系统中各个子系统之间的内在联动性，从而将经济发展放在人类的长久发展思路中去。经济发展只是物质财富的创造活动和服务体系，这也是生态经济与传统经济的明显差异和优势所在。

2.1.3 生态经济学探索的对象

生态经济学由许多个经济系统组成，因此涉及多学科、多领域的知识。这是一门经济学与生态学相结合的学科。该系统的基础是生态学理论，经济学占主导地位，主要从人们各种各样的经济活动展开，根据人们的社会经济活动与生态环境之间的互相联系探索两种系统之间的相互关系。它主要研究的是两个整体之间的统一及两者的发展规律，并不是简单的研究两者之间的相互关系。

所以，这门学科探究的领域是由生态与经济这两个系统结合而成的生态经济系统。整个系统是人们赖以生存发展的关键，也是经济生态循环可以不断发展的实质。总的来说，生态经济学学科是研究经济与生态的相互作用及其运动规律的学科，其探索对象主要包含以下内容：

1. 矛盾统一体

两个系统相互矛盾又相互统一，所以探索生态经济系统是探索生态经济学的一个首要任务。

人们常把由经济与生态这两个系统组合而成的生态经济系统看得过于单纯、直白，只重视经济系统和技术系统，而忽视生态系统的作用，直到世界性的生态危机出现以后，人们才从自然的多次惩罚中醒悟过来，开始探索从经济、技术和生态的三方结合上检验已经发展起来的社会模式的合理性。可持续发展的社会必须是由三个子系统复合组成的网络结构。研究生态经济复合系统的目的就是要按照可持续发展的要求，探索两大系统之间能量转换和物质循环的规律，并将这一规律揭示出来，从而构建一个科学合理的能把损耗降到最低、效率提到最高的生态经济系统，永久、恒定地增强我们的生产能力，最大限度地满足国民经济发展和人民物质文化的需要。

2. 探究整个生态经济系统的运作轨迹

比如，像别的社会系统那样，整个系统有其专门的运作轨道规律。这门学科的探究主体之一是整个经济运作系统，主要探索经济生态系统的自身独特性与其运作规律轨迹。在整个经济生态系统中，各个因素都有其运行规律与运行轨迹。同时，各因素之间是相互关联的。温室气体的排放导致气候变暖，进而导致自然生态系统平衡的破坏、生态资源的损耗，妨碍了经济的发展和人类社会的进一步发展。所以，研究生态经济需要充分探讨各因素运动发展的规律，只有依照其发展规律，才能更好地为人类社会服务。

3. 探索存在于生态经济系统中的基础矛盾

在整个大系统的内部共生着许多对矛盾。其基本矛盾是社会经济发展过程中对自然资源需求的无穷性与自然环境中资源再生及重生能力的局限性之间的矛盾。

人口增多、全球生产力飞速发展，对资源的需求量也就越来越大，资源的稀缺性越来越严重。首先，人们经济活动对资源的需求无穷无尽性与自然资源补给的局限性之间的矛盾问题不断加剧，最重要的是迅速上涨的人口基数对资源的需求急速上升造成了自然系统生产力的下降和资源的枯竭。其次，人们不合理、不规范的生产经营活动频繁发生，但短时间内生态系统的自我恢复能力有限，这两者之间的矛盾正不断加剧。私自随意开采和废品胡乱堆积的增长速度大于生态自然的承受能力，造成整个生态社会环境的破坏。引人注意的是，随着整个社会经济的向前进步，存在于生态经济系统中的上述关键矛盾仍然在不断发酵，这就要求生态经济学一定要专注探索这一问题。具体来说，生态经济矛盾是人类社会经济发展过程中的生态非资源化、经济逆生态化及两个系统之间相互矛盾的状况。

随着时间的推移，物品被分为自由物品和经济物品两大类。自由物品具有免费使用的属性，无需付费便可自主使用，如阳光、空气等；经济物品具有经济属性，需要用费用来获得使用权，如衣服、美食等。上面提到的生态非资源化就是来自经济学的假设，是经济学中把具有经济属性的经济物品比喻成稀缺资源，所以必须是有偿使用，而所付出的补偿度便是能够衡量其稀缺程度的一个重要指标；相反，自由物品可以免费使用，是因为经济学中假设自由物品是源源不断、生生不息的资源种类。把生态资源作为自由物品就是把生态非资源化的一种现象。还有一个常见的问题：虽然农业文明时期是经济逆生态化的起点，但在工业文明时达到了巅峰时期。在工业文明时期，机械主义发展观占主导地位，出现了"驾驭自然，做自然的主人"等观点，倡导人们去做大自然的改造者、使用者。不可否认，人们确实靠这种发展方式在经济上取得了巨大的成果，但也因此造成了严重的资源枯竭、人口爆炸、环境污染等问题。

2.1.4　生态经济的理论基础

纵览各大学者的研究成果可知，生态经济学的基本核心理论之一是生态与经济协调理论，它分别以生态经济系统成果的配置和结构功能的稳定两条主线进行探索发展。

1. 生态经济系统理论

生态系统与经济系统联合的生态经济系统十分常见，具有联合性、两面性和对立统一性三个基本规律，它的运行受经济规律和自然生态平衡规律的共同制约，发挥着经济与自然规律联合的两面作用。它的对立又统一表现在对内部子系统的充分保护和利用上。人类历史发展先后度过了三种不同的生态经济系统时期：原始、争夺和平稳。在不同的时代，社会生产力和人们对自然界的认识水平高低不一。

2. 生态容量值理论

生态系统内部要保持稳定和平衡就在于其自身内在调节能力的高低。每一种生态系统都有其自身结构，并受到各种可度量的限制，即所谓的临界值或容量值。当人类生产活动对生态系统或内部某一部分的破坏在容量值的安全值之下时，系统自身具有的自净和自适应能力会不断调节系统本身，从而形成良性循环，保持系统的健康；达到容量值的安全值之上后，生态系统的自我调节能力将会丧失，周而复始，最后造成生态系统的抵抗力下降和经济系统的损害。所以，要因地制宜地开展日常生产活动，遵从自然和经济规律，在保持生态内部稳定和不突破容量值的前提下，努力推进生态经济的整体协调发展。

3. 生态平衡理论

在某一领域值域内，在生物生长和融合过程中，生物之间或与环境元素之间创建了较稳定的结构，整体能够发挥优良的功能形态就称为生态平衡。生态系统的稳定是正向活跃成长的过程。一旦系统平衡被打破，关联的许多社会、经济活动也会受到不同程度的影响。

2.2　可持续发展理论

2.2.1　可持续发展理论的提出

可持续发展理念是对传统经济增长方式及全球生态危机进行反思与创新的成果。1962 年，美国女生物学家 Rachel Carson 在其作品《寂静的春天》中揭示了近代工业对自然生态的影响，引发了全球对发展理念的深思和争论。1972 年，美国学者 Barbara Ward 及其同伴推出的《只有一个地球》抛出了可持续发展理念。同年，Roma Club 在 *The Limits to Growth* 中提出了"持续增长""合理的持久的均衡增长"等概念。1987 年，WCED 在《我们的共同未来》中谈及"可持续发展"一词，其规划措施被全球各地和舆论密切跟随着。

1992 年，巴西的里约热内卢召开了联合国环境与发展大会，一致认可《21 世纪议程》。至此，可持续发展理论在全球范围内达成共识并确定为 21 世纪的全球发展战略。

2.2.2　可持续发展的基本原则

1. 持续性原则

可持续发展战略重视处理当代人与未来人之间的发展问题，建立一种可持续性原则。可持续发展战略强调通过控制人口解决由于人口过度增长造成的土地、水流、森林资源的破坏以及其他一系列的环境问题；重视农业的发展，以解决农业发展不合理政策所带来的资源退化的问题。可持续发展的内涵是提高人类的生活水平，为每一代人创建一个优良的、美好的生活环境，以生态的可持续性和社会的可持续性为目标和导向。

2. 共同性原则

人类只有一个地球，所以环境保护的可持续性要靠我们共同去争取和实现，即坚持共同性原则。虽然每个国家的经济制度和政治情况各不相同，各国要坚持的可持续方法存在差异，但这些差异的共同目标都是坚持地球整体性及相互依存性。总而言之，可持续发展不是个人能完成的，只有大家一起努力才能实现。

3.公众性原则

可持续发展包括很多方面，它囊括的范围也很广。从小的方面来说，它关系到每个社会群体或者每个人，抑或每个家庭；从大的方面来说，它关系到每个国家、每个地区、每项产业或每家企业等。因此，在可持续发展过程中，我们要提高自身对可持续发展的认知度，建立可持续发展战略的意识形态。

4.法制性原则

可持续发展不应只体现在理论的探讨和思想方面的深思熟虑，而是要将其运用到生活中去，只有这种强制性的方法措施，才能发挥其应该发挥的现实作用。可持续发展战略要求政府制订保护环境的发展计划、法律、法规，提高全民族的环保意识，改善工业污染和能源污染的状况；用行政和法律的手段，通过强硬的措施，向人们施加压力，让人们知道可持续性的重要性。

2.3　循环经济理论

在循环经济理论中，我们先要了解的就是 3R 原则。3R 原则在生活中并不常听说，但它在循环经济理论中，牢牢占据了中心地位。3R 指的是 reduce（减量化）、reuse（再利用）、recycle（再循环）。其中，Reduce 为该原则的优先原则。3R 原则在强调节约资源的同时呼吁对生态环境的保护，其最终目的就是实现人工产业系统与自然生态系统的相互协调。循环实质上强调了在经济和资源方面的可持续利用，而经济同时强调了经济和生态方面的效益。在之后的研究中，不断有学者对此进行补充，但从总体上看，3R 原则仍是循环经济理论中最核心、最精简的原则。

2.3.1　循环经济的定义及内涵

循环经济思想首次出现在大众视野中，是在 20 世纪 60 年代的美国经济学家鲍尔丁著作的《宇宙飞船理论》中，自出现起便成为社会公众的关注焦点之一。鲍尔丁认为，地球资源是有限的，如同在太空中飞行的宇宙飞船，一味消耗，造成能源枯竭，最终只会使飞船走向毁灭。如果地球上的人类没有形成可持续发展的思想，那么地球最终也会和宇宙飞船一样走向毁灭。这个社会所要努力达到的就是在资源生产消费过程中将单纯消费资源换取经济增长的方式转变为生态型资源循环使用的方式。20 世纪 70 年代，康芒纳在《封闭的循环》中对循环经济有了最新的介绍，他把循环经济的理念进一步延伸，但此时的循环经济思想更多的是为先行者所理解接受的，对于大多数普通人来说，这还是一个陌生的概念，所以没有得到广大群众的积极响应。1992 年，在巴西里约热内卢召开的全球环境与发展大会改变了这种现状，会议通过的《21 世纪议程》和《里约宣言》正式明确地提出了"循环经济"这一概念。自此，这个概念在人们的意识中不再是模糊不清的了，它有了具体的理念。循环经济采取的是"三低二高"模式——"低开采、低消耗、低排放、高效率、高利用"，这个模式将生态保护与经济活动连接，使其形成一个可循环的过程，即在经济发展利用资源的同时，资源能够再生，进行循环重复使用，并设有反馈机制，借此达到人与自然和谐可持续发展的理想状态。

循环经济在我国的发展有以下几个阶段：

1998 年，得益于改革开放，我国经济迅速发展，而以生态破坏为代价换得的经济快速发展只是暂时的，已经不能得到大多数人的支持。随着循环意识在人类的生活认知上的普及，循环经济的概念也从国外渗透到了国内，广大人民认识并接受了 3R 原则，肯定了其中心作用与地位。

1999 年，不同于之前循环经济发展模式，此时在该模式中增加了可持续发展的要求。

2002 年，不同于传统的新兴工业的发展，产业结构发生了变化，使我们需要进一步对循环经济发展的意义进行检验与判断。

2003 年，循环经济这个概念已经渗透到了国家指导思想——科学发展观中，我国也根据该概念确立了有关减少物质使用的新战略。

2004 年，循环经济发展实践深入城市、区域和国家层面，循环经济得到了更有效的普及。

2012 年，习近平首次提出美丽中国梦，而实现中国梦的必经途径之一就是循环经济的大力发展。

在渗透了国外的循环经济概念后，国内的经济学家对循环经济的定义也越来越多样化：

1998 年，诸大建提出循环经济是一种新的经济发展模式，其对地球的影响是微乎其微的，是一种对地球友好的发展经济方式，把经济活动组织建立在自然资源消费再生的闭合循环上，能够使经济活动对自然生态环境的破坏降到最低并处于可控状态，最终实现可持续发展。[119]

2002 年，周宏春提出废弃物和废旧物质并不是没有利用价值的，可以将它们投入二次使用中去，从而减少自然资源的消耗和废弃物的堆积。循环经济的主要目的恰恰如此，即在发展经济的同时减少对自然生态环境的破坏，实现经济发展的低投入、高效率和低排放。[120]

2005 年，谢家平及其他学者认为循环经济是指在经济活动中采用减少对资源利用和环境破坏的友好方式来高效率、高效益地发展经济。循环经济旨在实现发展经济的同时，有效保护生态环境，两者相生相伴，其表现为可持续发展及环境、社会、经济能够处于长远发展而不会打破平衡的状态。[121]

2013 年，吴迪提出循环经济的前提是人与自然和平相处，人类对自然足够友爱，自然也会对人类回以友善；主要手段是通过节约资源并将资源投入二次循环使用中；突破点为创新，但这种创新更多的是建立在绿色和提高科技水平的基础上的；努力实现这些条件以解决人类目前所面临的生态环境与经济发展之间的矛盾，多个维度整合发展，最终实现全面完善的经济发展模式。[122]

根据以上定义，我们总结得出循环经济可以分为广义和狭义两大方面。广义的循环经济包括覆盖了所有层面的循环发展和经济活动，不单指生产过程，还要考虑其他方面，比狭义宽泛得多；狭义的循环经济指在生产过程中减少资源的利用和对资源进行二次循环利用。因此，我们在发展循环经济的时候要以狭义定义为主，减少资源的消耗，实现循环利用，但并不局限于狭义范畴，而要从公民、政府和生产者等所有的利益相关者的角度出发，从广义的范畴，如观念文化、消费方式、社会政策等各个角度倡导资源消耗节约和再生利用，触及社会发展的各个层面，以形成全面有效的经济发展方式。

2.3.2　循环经济的基本原则

资源的减量化（reduce）、再利用（reuse）和再循环（recycle）原则是循环经济最基本的 3R 原则。

减量化原则是指在产销过程中以清洁生产的方式达到优化产业结构和减弱环境污染的目的，从输入端进行把控，减少生产过程中的物质投入，从而在经济活动中最大限度地节约资源和降低废物的排放量等。

再利用原则出现于产品输出阶段，主张用环保的新型技术达到闭合式良性循环，实现废弃物排放的最小化。废弃物资源化的目的是减少垃圾的产生，由原级资源化和次级资源化组成。原级资源化是指将使用产品后留下的废物经过环保技术处理后形成与原来相同的新产品；次级资源化是指将废弃物资源化后变成与原来不同的产品。这一过程不仅减少了废弃物，还增加了资源量，提高了资源利用率。

再循环原则同样体现在输出阶段，经过调整产业结构及高效率、有条理的产业合作，实现废物利用的最大化，即努力以多样的方式使用物品，增加产品到废弃物的转化周期，达到废弃物利用的最大化。这不仅是一种补救性措施，还是一种积极的废物资源化处理模式。

2.4 区域经济发展理论

区域经济学和其他的新兴学科一样，是随着经济的发展而产生的，是 20 世纪 20—40 年代建立的新型学科，是在经济学的基础上研究"资源不均匀分配且不能完全自由流动的世界中，各个地区的差异及各地区间关系的科学"。不同区域经济领域的研究时间不同，所取得的科研成果也各不相同。

20 世纪 20—30 年代初，全球爆发经济危机，西方部分发达的资本主义国家出现了明显的经济衰退萧条地区，随着地区两极分化越来越严重，渐渐被各国经济学界高度重视。贫困一级的地区市场缩小，政府负债加大，失业率上升，经济发展困难；发达一级地区为了维持经济的高速增长也十分艰辛，使整体发展受到约束。一些发达国家期望通过政府的干预提高经济落后地区的经济发展速度，尽快跟上全球经济水平，于是各政府不约而同地出台了相关的法律法规。由此可见，经济均衡发展要求建立一个不同地区间合理分工、发挥整体优势、通力协作的系统的发展模式。

2.4.1 区域经济发展的基本概念

区域经济学是以区域经济发展为研究对象的新兴应用经济学学科。与发展水平无关，经济活动与特定空间的配对产生了区域经济。区域经济是按照经济联系、自然地域和社会发展需要而形成的经济联合体，它表现了社会经济活动的专业化分工与协作。随着经济的全球化和网络化，区域经济以虚拟化等多种高速发展形式存在于国家与国家之间或是地区与地区之间的经济联合体中。

广义的区域经济发展是一个国家或者地区经济由不发达状态转变为发达状态的过程。[123] 政府需要因地制宜，拟定有效的区域经济发展战略规划、经济政策和发展路径。狭义的区域经济发展是指一个区域内生产力不断提高、经济结构不断优化、产业布局日渐完善、人与自然实现和谐相处、人们财富增加的过程。狭义与广义的区别是所关注区域的范围是部分与全部的差异，两者之间是循序渐进的过程。

2.4.2 区域经济发展的影响因素

自然、区位、人口、政治、经济、科技、文化等因素都是影响区域经济发展的因素。在这些影响因素中，自然、区位和经济因素是基础，人口和科技是关键，政治和文化因素是其保障。

1. 自然因素

自然因素包括自然资源，是区域经济发展的重要影响因素。自然资源（土地、水、生物、矿产、海洋）在人类生产生活中具有重要作用，它决定了一个地区拥有资源的数量和质量。自然因素是物质基础，其在各区域分布的差异性会带来区域经济发展的差异性，也将影响区域内经济布局和区域经济整体的运行情况。

2. 区位因素

区位因素主要的构成就是地理位置、交通条件、信息条件。它们之间相互作用、相互影响，从而影响了某些产业的发展，以此推动该区域的经济发展。

3. 人口因素

人口因素是指一个空间内人口的数量、结构、质量、分布等。如果要推动该地区的经济发展，控制人口的数量和增长速度尤为重要。

4. 政治因素

政治因素包括政治经济体制、社会发育程度、国际国内关系。区域经济的发展离不开良好的政治环境，如制定一个区域的发展战略，选择合适的发展途径十分重要，同时加大对资源的利用程度，加强区域间的交流与合作，推动区域共同发展。

5. 经济因素

推动经济发展的因素有很多，如相关地区的经济政策、区域潜在的某种发展的能力、基础设施条件等。每个国家和地区的经济都是历史演变进化的结果，也是该地区未来经济发展的一个新起点。

6. 科技因素

科学技术影响着一个产业的内部结构，同时衡量着该产业的技术到达了一个怎样的程度。随着知识经济的出现和发展，科技成了影响区域经济发展的重要因素。科技的进步将带动生产的自动化、智能化，将改变生产的运行方式，同时人们对科技应用的能力增强。

7. 文化因素

不尽相同的地理环境产生了与地理位置密切相关的文化特征。宗教、民族、语言是一个重要的表现形式。区域文化是思想意识的总和，与经济活动的各个环节密切相关，由文化演化成特色，从而推动或制约该区域的经济发展。

2.4.3　区域经济发展趋势

区域经济发展体现着产业结构变革，它的形成是劳动区域分工的结果，是国民经济的缩影，具有综合性和区域性的特点。其中，工业经济发展对区域经济发展贡献最为突出，导致内部结构发生了不同方面的转变：由轻工业转变为重工业；由原材料工业转变为高级加工工业；由资本密集型转向技术密集型最终转变为信息化产业，促进了经济结构升级，提高了生产效率。根据现实的演变，工业发挥的作用将不断减弱，而交通信息和第三产业不断兴起，最终成为该区域的支柱性产业。

2.5　产业结构理论

随着经济的发展，社会生产中的各产业开始逐渐细分，而随着产业经济的发展，学者发现产业内部也存在着某种联系，从而诞生了产业结构理论。产业结构理论主要研究各产业之间及产业内部的关系，主要分为静态和动态两个维度。静态维度中表现为各产业之间的一种数量关系，它是在一个时间点对产业结构的比例进行研究。这也是产业经济学的主要研究内容。动态维度主要是一段时间内的研究，分析一段时间内国家或区域的产业结构演变规律及其背后的原因，以期对未来产业发展提供建议和指导。

2.5.1 产业结构的基本概念

产业结构理论是在产业经济的基础上提出的新理论，从根本上而言，它还是经济学中的一种理论。目前，可追溯到的最早的做相关研究的学者是英国古典经济学家威廉·配第，他在《政治算术》中提出由于产业结构的差异导致国民收入和经济发展水平的差异。他在书中指出："制造业、工业、商业之间存在产业收益差异，这种差异可使生产力向高收益的产业部门转移。"1940年，英国经济学家科林·克拉克发表了《经济进步的条件》一书。他认为，随着经济的发展、收入的变化，会导致劳动力的流动，影响产业重心发生转移，进而出现第一产业向第二产业再到第三产业转移的现象，最终会演变为以第二产业和第三产业为主。之后，西蒙·库兹捏茨进一步阐述了劳动力与国民收入在产业间分布及变化的一般规律。后来，随着经济发展和研究的深入，学术界对产业结构有了统一的认知，即国民经济中各产业部门及产业内部关系。因此，产业结构的定义包含三个层面：

1. 产业组成

产业组成即一个国家或地区拥有的产业。国家或区域产业的数量和组成是国民经济的基本组成单位，因此产业组成是产业结构的首要研究对象。

2. 产业发展水平

产业发展水平即各产业在国民经济中所占的份额。它可以直接反映出各产业对经济的作用。对于产业发展水平的研究，也可以了解产业结构的变化规律，可以为产业结构的调整打好基础，做好准备。

3. 产业间的经济技术联系

产业间的经济技术联系即社会再生产过程中各产业之间的技术联系和协同的关系。国民经济中各产业之间是存在着各种各样的联系的，通过各产业之间的集聚和协作可以实现共赢。因此，通过对各产业间的经济技术联系的研究可以了解各产业相互协作的水平。产业间的经济技术联系水平一般以存量规模比例来表示。

根据社会生产活动历史发展的顺序和国家产业研究及规划布局，一般是将产业化分为三大类：能直接从自然界提取资料进行产品生产的部门称为第一产业，主要有农、林、牧、渔业等，即广义上的农业；对原材料进行二次加工的部门称为第二产业，主要有工业等，即广义上的工业；对生产和消费提供服务的部门为第三产业，即广义上的服务业。当然，在产业结构研究中，由于研究目的和原因的不同，分类方法不同，分类也不尽相同。

2.5.2 产业结构的基本影响因素

产业结构会受到多方因素的影响，如需求结构、经济发展、技术创新以及自然资源和国际贸易等，各个因素都会对产业结构的演变产生重要影响。

1. 需求结构

社会生产的根本目的是满足需求，因此需求状况和需求结构会对产业结构产生一定程度的影响。一般意义上，需求分为消费需求、投资需求、出口需求。由于存在着需求偏好，投资时常存在向某一产业倾斜的现象，资金的注入会加速该产业的发展，使该产业在国民经济中的比例加大，反之亦然。同样，在不同的基础条件下，需求结构的作用效应各有不同，如在经济通货膨胀时期与经济紧缩时期，需求结构对产业结构的影响是明显不同的。恩格尔定理指出，个人收入水平及分配状况会通过对产业结构的影响间接作用于产业结构的优化。出口需求类似，在出口贸易中，部分产业容易获得市场的青睐，因此该产业会获得一定的发展，进而对产业结构产生影响。

2. 经济发展

产业经济是经济发展在产业领域的细分研究，产业结构理论也是产业经济的一部分，因此产业结构的演变和经济发展是相互作用、相互影响的。首先，随着经济的发展，产业结构发生变化，部分高效、高收益的产业部分便会得到充分的发展，从而使经济对产业结构的影响形成一个良性循环。此外，随着产业结构的调整，产业对经济的作用更加凸显。总体来看，经济发展对产业结构的影响是多方面的，如经济发展速度、经济的规模、经济发展所处的阶段等。

3. 技术创新

创新是根本生产力，技术创新对产业结构调整和经济发展都有促进作用。一方面，技术的创新可以改变旧生产部门，是产业和部门变革的基础；另一方面，技术创新可以促进新兴产业的发展，同时促进传统产业的进化。

2.6 小 结

生态经济的发展离不开基础理论的研究，它是遵循着科学发展观的理论发展起来的，是一种新的发展模式与发展观念。生态经济学的理论基础是循环经济理论、可持续发展理论。因此，在研究生态经济学之前，我们需要对它的理论基础有个基本了解，在本章我们对该类理论进行了综述。

在这一章中，我们概括了目前国内外相关的理论基础与研究现状，从生态经济学理论、可持续发展理论、循环经济理论、区域经济发展理论及产业结构理论等方面全面综述所涉及的研究领域的当前研究现状，并进行综合评述，为生态经济的研究奠定了理论基础。

第3章 我国促进生态经济发展的法律与政策

　　近年来，随着我国城市化的大步迈进，居民资源、能源消费量以及垃圾产生量等不断增加，其中生活污水的排放量每年的增长率达到了5.9%。显然，我国的经济发展方式对环境资源造成了不良影响。我国原有的自然生态环境遭受着越来越严重的破坏，许多城市地区的空气质量明显降低，各种灾害性恶劣天气的发生越来越频繁。为了遏制生态环境的进一步恶化，近年来，我国积极修订、完善环保法律法规，密集出台各项环保政策，以期对环境保护起到作用。

　　我国是在适合保护社会主义市场经济的体制环境和资源的前提下，逐渐完善相应的环境经济政策体系与法律制度的。1979年，《中华人民共和国环境保护法（试行）》正式颁布，开启了环境保护法律体系建设的新纪元，是我国环境立法的大事件。中共十八大和中共十八届三中全会等多个重要会议都谈到了我国要积极落实可持续发展的观念，促进绿色生态经济发展，加快整个社会的生态文明建设。经济的发展需要法律的支撑，生态经济的发展也需要良好的法律法规的保障。当前，我国已经形成一套基本完善的、关于治理环境的法律体系，以《中华人民共和国环境保护法》为主，以《中华人民共和国土地管理法》《中华人民共和国大气污染防治法》《中华人民共和国水法》为辅，在很大程度上促进了生态环境保护工程的实施。

　　但仍要注意到，近年来，我国环境保护方面做得还是不够好，形势比较严峻，自然环境也在进一步恶化，有一部分原因是目前地方资源环境保护律法没有得到很好的落实，环境执法部门执法不力。我国的环境法律体系已经日趋完善，但我国的环境状况仍然处于原样。由此可见，单纯的法律体系并不能实现环保的最终目标，只有将法律真正落实到位，使其深入人心，完善监管体制，环保才能真正在我国扎根。所以，政府要注重对环保机构和人员的监督，确保环境执法过程的公平性和开放性，并防止不作为和环境行政执法的混乱。

3.1 我国促进生态经济发展的法律体系

3.1.1 各类保护环境的法律

1. 环境保护法律体系架构图

毋庸置疑,我国如果想要发展绿色新兴产业、优化投资环境,就必须依靠法治手段。生态经济发展不仅需要投入大量资本和人才,还需要健全的法律制度,为生态经济发展营造一个良好的平台环境。如果没有法律制度的强力维护,生态经济将失去适宜的土壤环境。完善的法律制度能为生态经济的发展提供良好的环境,有助于吸引和稳固外部人才和外来资本。只有法律制度得到完善并切实执行,人才和资本才愿意进来,并且长久地留下来发展生态经济。人才、资本只有和制度相互结合,经济才能实现稳定健康的发展,社会才能真正实现繁荣昌盛。近年来,我国已制定了比较完善的环境保护立法体系,如图 3.1 所示。

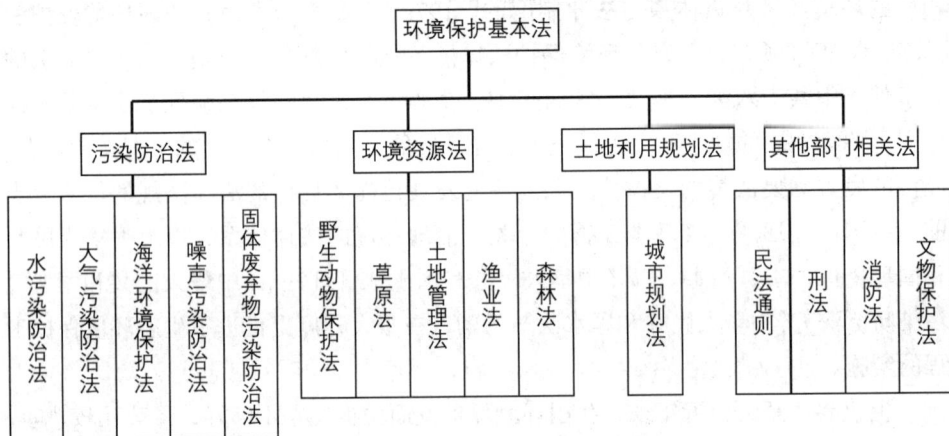

图 3.1 我国环境保护法律体系架构图

2. 环境保护法律体系的构成

2015 年,《中华人民共和国环境保护法》修订完善。该法对每一位中华人民共和国公民提出了承担起保护环境的义务和责任的要求。各级地方政府需要对其管辖范围内的环境质量承担相应的责任。机构和企业还必须防止生态破坏，减少生态污染，并承担损害现有生态破坏的责任。对于每个普通公民来说，就是要改变生活方式，做到文明、低碳和环保，做到自觉保护我国的生态环境。除了要求单位和个人承担环保义务外，《中华人民共和国环境保护法》还规定了政府和有关部门的监督管理职能，国家要建立、健全环境监测制度。

《中华人民共和国环境保护法》的实施意味着环保监管有法可依，监管更严厉，违法成本更高，同时加强了社会的环保意义，让民众真正认识到了保护环境的重要性。这是我国在生态环境事业发展上的一次重大的进步和改革，意义重大。

在环境保护项目中，对水资源的保护非常重视。2017年6月，全国人大常委会决议通过了关于修改水污染防治法的决定。《中华人民共和国水污染防治法》修订后，明确了各级政府在水资源保护方面的相应职责，加大了对农业污染防治的防治力度，还对水资源保护中出现的违法行为加大了惩罚力度。这些法律法规的制定都是为了更好地对水资源进行保护与管理。

《中华人民共和国水污染防治法》的总则中提到，县级以上的政府都应该重视水资源的环境保护工作。水资源的环保不仅对整个环保事业的开展有着重要意义，还对我国经济发展有重要意义。治理工作要将预防和治理相结合，综合治理。水污染治理应首先考虑饮用水的安全；其次要控制好各种污染源，包括工业污染、生活污染及农业污染；再次要积极推进生态治理工作。对于不同的水污染采取不同的法律措施，更具有针对性。

众所周知，人类只要窒息几分钟就会死亡，空气质量的重要性可想而知。为了公众的健康，也为了保护自然环境，我国需要对空气污染问题加大监控，从根本上提高对空气污染的重视程度。2015年8月，全国人大常委会修订并通过了《中华人民共和国大气污染防治法》。该法确定了防治大气污染的具体指标，而且及时向社会公开城市大气质量限期达标规划。在大气污染防治过程中，政府将对企业大气的排放做出相应的监管措施。企业在建设对大气环境有影响的项目时，政府要做到依法对项目的环境影响做出相应的评价。

《中华人民共和国大气污染防治法》针对地方各级政府的责任做出了更细致化的加强，不仅明确了政府的有关责任，规定了负责制，还制定了对管辖区域内大气质量的考核制度。对于不能达到治理标准的城市则需制定限期达标规则政策。对于未完成治理任务的下级政府，上级环保部门应实施约谈和区域限批制度。

《中华人民共和国大气污染防治法》还提出应加强大气污染各部门联合防治，出现重度污染的天气时，各部门需要启动相应的对策和战略。

除了上述污染外，还存在噪音污染的问题。噪音不仅会严重影响人的工作效率，还会对人的身体造成损害，每年数以万计的人因为噪音问题患上耳疾。在工作和生活中，人人都有可能受到噪音的影响，但社会生活中对噪音这种无形的污染很难进行管制。《中华人民共和国环境噪声污染防治法》出台后，对工业、社会及生活噪音等噪音都进行了定义。对于每一种不同的噪音，防治的手段也是不同的。在噪音防治过程中，需要严格限制噪音的分贝大小和噪音的时间，如有违反，则将对违规的单位和个人进行严格处罚。例如，对在经营中的企业，要加强营业执照颁发的严格性，如果噪音排放没有达到国家标准的不予授予执照，工商行政管理部门要准确核实。《中华人民共和国环境噪声污染防治法》对违法行为进行了明确的分类，提出了有针对性的惩治措施，大大加强了对噪音污染的管控力度。

在《中华人民共和国环境噪声污染防治法》中提到，应该建设相应的噪音监管检测网络并制定噪音监管检测制度。噪音监测机构应按照国务院的有关环境保护的规定将检测结果呈报给国务院环境保护行政主管部门。对于这种无形的污染，监测机构更需要保证客观公正，如果没有精确的测量，就难以根据法律对其进行惩处。

除了水、大气及噪声污染外，还有固体废弃物的污染。2004年12月29日，《中华人民共和国固体废弃物污染环境防治法》通过，于次年开始推行。该法规定不能随意关闭垃圾处理场所，也不能随意选地。该法明确了各方面的责任，污染企业和个人都需要承担污染的防治责任，这有助于解决固体废弃物的污染问题。2016年修订的主要针对生活垃圾处置设施的开设、关闭和转移，以及转移危险废弃污染物时需要有相应的转移联单。《中华人民共和国固体废弃物污染环境防治法》对我国的生活和工业垃圾的生产和处理进行了规定，防止造成固体废弃物污染。

2016年12月25日，《中华人民共和国环境保护税法》审议通过。经过改革，结合当下环境制定了全新的、适时的制度。虽然该法从2018年1月1日才开始实施，但早在审议通过后就对环保事业的发展产生了重要作用。2017年，《国务院关于环境保护税收入归属问题的通知》发布，其将环境保护税划入地方收入。

《中华人民共和国放射物污染防治法》中明确提出，我国要积极建设放射性污染监测制度。国务院环保有关部门负责建构环境监测网络，并开展监管放射性污染的工作。放射性污染物的运营单位有义务进行自我防治，对自身产生的污染物进行处理，环保行政部和其他有关部门则需要对其进行监管，针对其造成的放射性污染依法惩处。预防和控制核设施放射性污染的关键在于选址，通过科学论证，并遵守国家有关审批程序的规定。审批程序完成前，应编制环境影响报告，并报生态环境部、国务院批准。否则，有关部门可能无法处理选址的批准文件。对从事预防和放射性污染控制的专家，设立资格管理制度；对从事放射性污染监测的机构设立资质管理制度。

2002年1月1日，《中华人民共和国防沙治沙法》在我国开始施行。该法的七项基本原则是我国防沙治沙工作的依据，如我国总规划由政府统一制定，根据不同地区的状况进行具体细节化区分，按步骤实施，结合区域性防治项目和重点防治项目，还有要以预防沙化为主要工作，辅以治理工作，两项工作相互结合、共同进行。在预防方面，要求国务院林业行政主管部门和有关行政主管部门实时监测我国的土地情况，完成分析统计工作，每隔一段时期向公众公布所有的监测结果。县级以上的地方部门则需要按有关规定对荒漠化土地进行监测，并将监测结果报告给同级人民政府和林业等上一级其他有关行政部门。县级以上的地方部门还有其他职责，为公益性治沙活动提供服务，不仅要在技术上给予帮助，还要提供相应的治沙场所。在治理方面，国家鼓励单位和个人以各种形式参与防沙活动。

《中华人民共和国森林法》旨在实现森林资源的维护与合理利用，扩大国家土地的绿色范围，使森林能够发挥自身的多重功能，如帮助土地储蓄水资源，调节气候变化，改善我国生态环境，为我国的建筑事业提供林木类产品，满足社会主义建设和人民生活的需要。森林法覆盖内容全面、具体，涉及森林的营运、保护、采伐等各个方面，其中列明了四项基本型条款：第一，森林资源使用者和所有权持有者，由法律给予权益保护；第二，对林业给予经济上的扶持；第三，森林资源的永续利用；第四，依法治林。违法使用林地大多集中于毁林开垦和擅自更改林地用途，可依照情节严重程度实施惩处。盗伐、滥伐林木的行为属于非常严重的行为，会对森林资源产生严重破坏，将被依法追究行政责任和刑事责任。

《中华人民共和国草原法》经过修订，提出草原属国家所有，其所有权由国务院代为行使。根据该法，任何单位及个人不得以任何方式非法转让草原，无论是否合法。我国对草原的保护、建设、利用规划进行编制主要依据四条原则：第一，改善生态环境，推动可持续发展；第二，根据不同地区的具体状况进行分析，制定适宜的方案，统一进行规划并分类指导；第三，法律的主要重点是保护草原，分批次改善草原环境，要求政府加强建设，合理利用草原资源；第四，在生态环境上、经济上及社会上同时保证效益，三者高度结合。行政主管等部门通过所设立的监管机构监察有关执法情况，惩处单位及个人的违法违规行为。同时，我国应当建立一支优秀的草原行政监管的执法团队，并提升监察人员的政治、业务素质。该法严厉查处有关违法行为，如发现相关工作人员玩忽职守、滥用职权，或是不依法承担其监管职责，没有依法查处违法行为，根据情节的严重程度对相关工作人员采取不同的惩罚措施，这体现了法律的人性化。

3.1.2　促进绿色投资的法律

法律对破坏环境的违法者实施惩治措施，对投身绿色生产和投资的单位及个人提供支持。《中华人民共和国清洁生产促进法》指出，我国要加紧制定出促进清洁生产的财税政策和相关产业政策。通过政策约束污染性行为，促进个人和单位积极研究保护环境的方法。

中央预算应该加大在清洁工作方面的资金投入，使国家在清洁生产上的重要项目工程能够顺利实施，促进有关领域、行业等在清洁方面的工作顺利进行。此外，我国还需要制定清洁生产表彰奖励制度，单位、个人积极投身于清洁生产工作的，国家、政府要给予鼓励，进行表彰和奖励等，包括对其运行的清洁项目给予资金上的支持。可根据实际情况，按照国家规定，从建立的中小型企业的发展基金中取出合适的金额进行投资，促进中小型企业的清洁生产工作稳步发展。通过废物利用及回收生产出的产品可以依照法律规定的国家税收优惠政策进行交易。

《中华人民共和国水法》旨在促进水资源的合理利用、开发、节约和保护，以及水灾害的预防和治理，从而实现水资源的可循环发展。根据国民经济和社会发展需要，2016年7月2日，《中华人民共和国水法》进行了修订完善，对水资源的应用做出规定，国家必须严格进行水资源保护。政府部门应当全面建设节水公共设施设备，鼓励并推动在节约用水方面的技术和工艺研发，使工业、农业和服务业向节水型产业发展，建立一个节水型的社会。政府要依法实施有效措施，加强对耗水量大的企业的管理，同时推广节约用水技术，建立一个完善的推广体系，促进节约用水产业的健康、稳定、持续发展。对于有利于水资源的保护与利用以及防治水灾害等的项目，国家要给予鼓励和支持；对于那些有效配置水资源、节约用水的企业和工程，国家要给予一定的资金和政策支持。相反，国家将严加惩处违反《中华人民共和国水法》的单位和个人。

《中华人民共和国循环经济促进法》是一项为了促进经济可循环发展而制定的法规。该法设立了一系列推进节能减排、调节产业结构的政策性规定，为我国保持经济稳定增长提供了政策上的指导。根据该法，政府要从宏观角度对经济发展进行调整和控制，促进产业结构改革优化，扩大国家内部需求总量和推动经济增长，加速淘汰落后的生产方式，积极转化严峻的经济形势，使之成为调整经济结构和转变发展方式的一大机会，不断强化对循环经济和节能减排的支持。该法的几项原则揭示了其中的指导内涵：第一，始终坚持优先减少的原则。这主要是考虑到现阶段中国工业化的快速发展。大量的能源和材料消耗导致了更严重的资源浪费，因此前端减少的可能性非常大，尤其是资源利用的效率。第二，要突出重点，集中火力解决经济中存在的关键问题，如高耗能、高污染。第三，法规要有力度，能够对高消耗和高排放的行为产生有效的约束作用。第四，我国需要制定有针对性的激励政策，为单位及个人根据循环经济的要求从事生产生活活动提供一系列的指引，支持、推进有关企事业单位循环经济的发展。第五，注重循环经济中各个主体在生产、流通和消费各方面的积极影响，并构成整体的协同效应，促进循环经济的发展。

《中华人民共和国节约能源法》的制定是为了节约能源，使能源的利用效率得到提升，环境得到保护和改善，最终推动经济社会可持续发展。我国在以往的建设中没有注意到对环境的影响，计算生产成本时没有考虑到环境的治理成本，导致我国虽然发展速度迅猛，但是付出了高额的环境成本代价。随着全球资源、能源日益紧缺，我国急需改变原来的做法。这项法规对节能主体进行了明确划分，对节能法律进行了部分强化，它着重强调了政府的主导作用，倡导与市场自我调配职能相结合，共同发挥作用。该法积极推进农村地区能源的再生问题，在技术和生产方面寻求解决方法。该法的立项明确体现了"发展要节约，节约为发展"的思想。人们总是错误地认为节约会限制发展，但法律中提出的指导思想更为正确，我国需要的是能够持续的发展，而不是短暂的发展。科学发展观表明，实现发展的前提就是发展的科学性。该法提出了一些激励措施。中央和地方省级财政应设立专项节能减排资金，支持节能宣传与培训、技术研发、产品演示、重点项目的实施、信息服务等。该法推广目录中附注了一项条款，即对生产和使用节能产品、相应技术的企事业单位，国家要实施相关税收优惠等扶持政策对其进行支持。另外，国家还要实施利于节能的税收政策，建立健全能源资源的有偿使用机制。

《中华人民共和国可再生能源法》是一项为了推广可再生能源而制定的法规，其目的在于推动开发与利用，从而加大供应量、优化结构、保证安全并维护环境，最终实现可持续发展。我国的推广手段主要是行业上指导、技术上支持、经济上激励以及对价格进行管理和费用的分摊。税收优惠政策。这三项推广手段从不同角度推动了可再生能源的利用与开发，争取全方位拉动整个产业的前进。

《中华人民共和国环境影响评价法》也是一项为了可持续发展而设立的法规，其目的在于避免规划建设项目施行而导致环境的破坏，保证我国社会、经济和环境能够友好和谐相处。我国最初"先建后报"的设定与《中华人民共和国环境保护法》有矛盾之处，且评价过程中由于没有监督第三方而不完善。经过重新修订，现在的《中华人民共和国环境影响评价法》允许环评工作和建设项目同时进行审批，推翻了环评工作的审批原本作为项目审批的前提的旧律，也响应了《中华人民共和国环境保护法》中的相关规定。此外，对于尚未审批先行建设的项目，县级以上环保行政部门可以对项目要求停建，并依法视情节严重程度及后果对其收取罚款，责令恢复原状。这不仅明确了《中华人民共和国环境保护法》中有关条款的职责部门，还是对旧环评法的一项重大修改，给予了环保部门处罚的权力，使之能够在发现未批先建项目时可以依法指导操作。《中华人民共和国环境影响评价法》通过对环境影响进行评价审核确定项目是否可以允许被实施，大大提高了单位建设项目对生态环境的友好程度，对生态环境的保护事业起到了正面作用。

3.1.3　促进绿色消费的法律

据有关调查发现，我国近年来虽然消费水平大幅度提升，但环境问题也由之而来。据专家介绍，环境压力在 30 年前就已经出现，且在很多方面较为严重。2015 年，我国机动车总额近 1.62 亿，且持续增加，其尾气排放污染占到了北京、上海、广州、深圳等城市 PM 2.5 来源榜单之首。而我国消费结构偏向物质消费，这无疑更加剧了环境压力。同时，我国居民生活所用的资源能源消耗量逐年增长，其中生活污水排放量与 18 年前相比上涨幅度达到 183%，由此可见一斑。

有关环保专家认为，改变过度浪费和不合理的消费方式是有效改善资源环境问题的方法之一。国家邮政局日前发布的《中国快递领域绿色包装发展现状及趋势报告》显示，2015 年，中国快递业包装物至少消耗了 30 亿条编织袋、99.22 亿个包装箱、169.85 亿米胶带。同时，专家指出生活性消费所带来的环境压力也需要引起注意，尤其是我国现阶段房地产行业持续快速发展，房屋新增面积每年呈现上升趋势，截至 2015 年已经突破 73 亿平方米的大关。房屋建筑施工带来了钢铁、水泥等重化工业的繁荣景象，由此给环境带来了更大的压力。数据显示，2015 年，中国的氮氧化物、二氧化硫和烟尘排放量分别达到 346 000 吨、19 800 吨和 27 800 吨。这些气体已经严重影响了中国的生态环境。

虽然现阶段我国已经发布了一些环保法律，试图推进绿色消费，但是收效甚微。一方面，因为中国在环保上缺乏整体战略，处于行动计划的初始阶段，只有具体的规划思路和要求，没有核心系统部署、机构等；另一方面，我国法律法规中并没有直接对绿色消费进行明确规定，甚至与消费直接相关的经济法中都没有鼓励绿色消费的有关规定，这导致我国在绿色消费上举步维艰，困难重重。

《中华人民共和国循环经济促进法》对公民提出要求，应提高节能环保意识，遵从理性消费。该法鼓励公民购买及使用环境友好型产品，降低垃圾废弃物的产生和排放量。该法规定公民发现浪费资源、破坏环境的行为及时向政府部门举报，了解政府在循环经济发展上的资料信息，有向有关部门建议的权利。此外，该法制定了规范化的价格政策，以期通过对单位和个人的指导，形成资源节约、合理利用的良好局面。针对利用低热值燃料的项目，规定价格的主管部门在制定上网电价时要谨记依照资源综合利用和价格合理的原则，通过引导的方法和优惠价促使公众加入绿色消费中。

《中华人民共和国环境保护法》中也涉及绿色消费的观念，提到所有单位及个人都应承担起保护环境的责任，我国公民理应加强环保意识的培养，形成低碳节约型生活方式，主动参与到环保中来，承担自己作为我国公民的一份责任。同时，国家应积极鼓励、引导个人与组织使用环境友好型产品，减少废弃物垃圾的排放。接受财政补贴的有关组织和国家机关应带头领导并购买环保的产品和设备设施。

3.1.4 环保法律颁布与修订的新动向

2017 年 1 月 1 日，《建设项目环境影响评价技术导则总纲》开始实施，旨在促进《中华人民共和国环境保护法》、《中华人民共和国环境影响评价法》和《建设项目环境保护管理条例》更好地贯彻落实。通过该导则总纲，可以为项目建设中的环评工作做出有效指导，从而更好地促进项目的建设。该法的实施流程主要是先判定项目建设的内容和特点，确定项目的建设和坏境之间的相互作用关系，然后以环境影响评价结论和审查意见为依据，对符合时间效用的相关数据资料加以利用，从而对项目建设给环境带来的主要影响给予重点分析及评价。

2016 年 12 月 25 日，《中华人民共和国环境保护税法》经审核批准，对污水收费系统进行了改革，开启了新的篇章。虽然在概念上从费转为税，在税法角度上实现了"税负平移"，但是立法的制度化加强了公众的环保意识和治污责任。由此，企业治理污染的主动性提高了，金融投资企业更愿意投资环保产业，促进了环保事业的发展。

2017 年，《国务院关于环境保护税收入归属问题的通知》发布，国务院将环境保护税划入地方性收入。该通知保证了地方环境保护的财权和事权能够在归属上保持一致，既提高了地方对环境保护方面的资金投入，又提升了地方推动环保事业发展的积极性，促进了环保产业的健康持续发展。

2017 年 1 月 17 日，《节水型社会建设"十三五"规划》通过，规划中回顾过去，点评了"十二五"的成效、存在的问题及现状，提出了五个基本原则和规划目标。根据不同区域的不同情况，对每个区域制定了不同的目标和方案，同时组织完善和构建各种相关机制。这些规划大大弥补了"十二五"规划的不足,，并且针对现状做出了正确的决策。

3.2 我国促进生态经济发展的政策体系

3.2.1 生态经济政策体系架构图

为了促进我国的生态经济发展，近年来，我国不仅频繁修订关于环保的法律，还出台了大量促进生态经济的政策。法律更多的是针对整个环保体系的架构，政策则更因地制宜，更有效地、直面地解决当地的问题。下面主要讲述环境财政政策、绿色税费政策、绿色信贷政策、绿色价格政策、生态补偿政策、排污权交易政策和一些最新的环保政策等，如图 3.2 所示。

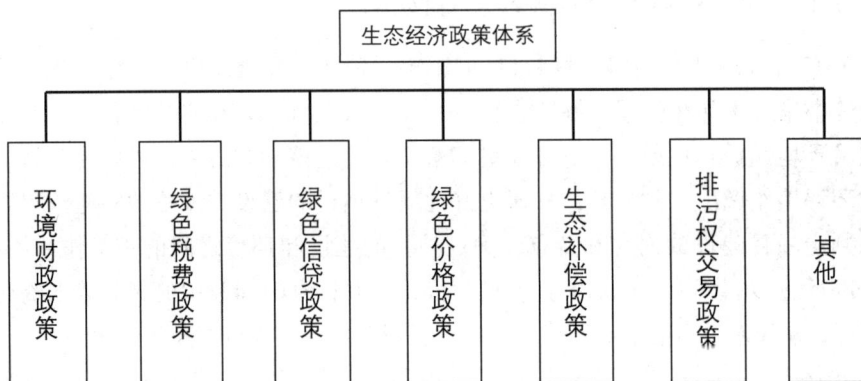

图 3.2　我国生态经济政策体系架构图

3.2.2 环境财政政策

2015 年 8 月 18 日，国家下发通知，加强对大气污染防治资金的管理和使用。大气污染防治不仅影响着民众的身体健康，与产业的转型升级任务也息息相关，它和其他模块共同组成了我国的生态文明建设目标。近些年来，我国各地都积极加大中央空气污染防治基金的投入，并且建立了一系列重点工程。这些工程在空气污染控制方面取得了良好的成果，展示了我国政策的正确性，但也显现出一些问题，如预算执行速度不够和资金安排保障不足。为了使专项资金得到优化管理，提高使用绩效，更好地推进相关项目的实施，预算安排就必须更细化。对此，我国需要建立健全预算执行通报机制，在对资金进行预算拨付时，向重点项目倾斜，并实时追踪重点项目资金的流动情况，针对重点任务提高统筹协调性，优化专项资金的使用管理和强化其绩效考核。

2016 年 1 月 5 日，国家发改委发布通知，谈及可再生能源发展基金的征收标准提高问题。其目的在于体现对可再生能源企业发展的支持。该通知主要提到几点：第一，各省、自治区、直辖市人民政府应当在调整省级电网和地方电网独立电力价格时，保持相同的范围，并确保政策落实到位；第二，有必要加强基金的管理；第三，各级部门要加强监督检查权的使用，依法追究违规者的法律责任。

2016 年 1 月 11 日，国家下达有关通知，为了扩大新能源汽车使用的区域范围，提高产业的发展规模和完善充电基础设施设备，将全面推广奖励政策，旨在形成一个适宜新能源汽车应用发展的良好环境。主要方法是，为五年内充电基础设施的建设和运营提供资金。其中，奖补资金是指给予当地政府的奖励，评判标准是当地的新能源汽车整体规模和充电基础设施的建设完善程度。

3.2.3　绿色税费政策

2015 年 10 月 1 日，《挥发性有机物排污收费试点办法》正式施行，旨在降低挥发性有机物的排放量、提高控制污染的科学技术和改善我国生态环境。根据该方法，各地区要按照当地的实际情况来区别制定相应的收费行业和具体收费方法。同时，试点行业未经处理直接排放的污染物要求缴纳规定的排污费用。

2015 年 11 月 18 日，国家林业局联合财政部发布了《关于调整森林植被恢复费征收标准引导节约集约利用林地的通知》，以指导林地合理利用。对企事业单位占用林地进行建设的行为按照法律规定征收恢复费，可以有效提高林地利用率，是培育、恢复森林植被和保持占用与返还平衡的一大重要制度保障。《生态文明体制改革总体方案》指出，为了提高资源的利用率，完善补偿制度，建立合理的约束机制，引导单位和个人加入林地的经济和集约利用，保持区域森林植被不受影响，要遵循回收费征收标准：

第一，采用合理的方式引导林地资源的节约利用，对无序占用、粗放使用的行为采取限制措施。

第二，规划林地的生态和经济价值，并区分森林植被恢复费用。

第三，注意在不同地区，社会经济发展程度、森林资源丰富程度和恢复难度不同，根据其差异性决定当地的森林植被生态工作的具体实施措施。

第四，工作目标要与当地的经济发展情况相适应，将企业承受力考虑在内，定期进行评估和调整。

第五，保证公平公正的原则，对不同类型的企业（中央和地方）征收标准要一致。

2016 年 5 月 9 日，财政部与国家税务总局共同发布有关资源税的改革政策。主要内容是资源税相关计算问题，如税率、计税依据和折算率等。在改革中，也提到了一些优惠政策。矿业资源在建筑物、铁路和水体下的填充开采由于具有较高的开采成本，税率减少 50%；对于部分特殊矿山，由于存量不多，给予相应的减免税率政策。资源税的具体政策根据实际情况而定，合理地维护资源开采者的利益。

3.2.4　绿色信贷政策

2006 年 12 月 19 日，国家环保总局（今生态环境部）及中国人民银行经过议定，把企业环保信息作为企业信用指标加入了企业征信系统。这一政策已经产生了重大影响。它不仅可以帮助企业防范金融风险，还增加了违法企业的成本。这无形中强化了社会对企业的监督和约束。通过优化、改革社会经济结构，培养公民的环保意识，提升群众的环境道德素质，构建社会信用体系，共建环境友好型社会。在整顿违法排污企业，保障群众健康的过程中，国家环保总局（今生态环境部）和中国人民银行之间的信息和数据交换每半个月更新一次，完整、流畅的操作体系是绿色信贷政策顺利实施的基础条件之一。

2016 年 8 月 18 日，中国人民银行联合银监会，在协商后，决定全面推进消费金融组织体系的形成和完善，实现专业化的健康发展。该项决议的实施主要是为了《国务院关于积极发展新消费引领作用加快培育形成新供给新动力的指导意见》能够更好地贯彻落实，应促进融资方式的改革优化，促进消费金融行业的发展，满足国民新产生的金融消费需求，在金融市场中起到主导作用，促进新的经济发展供给，培养新的力量。同时，对于规模较大的银行业金融机构，应积极鼓励其以新消费领域为核心建立特色专营机构，并完善各种相关配套机制，研制出独特的产品。此外，提倡消费金融公司的规范化和业务内容的扩大，针对不同的市场提供不同的特殊服务。需要指出的是，消费信贷管理模式需要加速，产品创新应该继续推进，对新的消费重点领域的财政支持应该增加，消费金融发展环境也应该不断改善。

3.2.5　绿色价格政策

2015 年 12 月 2 日，国家发展改革委、环境保护部、国家能源局下达了《关于实行燃煤电厂超低排放电价支持政策有关问题的通知》。该项通知先对电价支持标准超低排放做出了概念性的定义，然后对具体指标做出规定，即排放物浓度的最低限额。经当地省级环保部门的检验显示合格、排放浓度在上述限额以下的燃煤发电企业，可以得到相应的上网电价支持作为超低排放的鼓励。燃煤发电企业针对不同机组的上网电量需要额外加收费用，具体对机组类型的辨别工作由省级能源主管部门负责，在对上网电价进行调整时，对超低排放导致增加的购电支出结合政策进行疏导。具体的收缴流程可以简单总结为事后兑付、季度结算。其中，事后兑付是指先缴纳按规定计算出的费用，再根据国家支持政策给予鼓励性的补贴；季度结算是指核算工作按季度展开，在部门间流转。省级环保部门检测时要注意，只要有一种气体的排放不符合标准即视为不合格，不得实施该政策。燃煤电厂篡改数据的，三个季度内不得适用该鼓励政策。

2015 年 12 月 22 日，国家发展改革委下达了《关于完善陆上风电、光伏发电上网标杆电价政策的通知》。这项通知的主旨在于帮助新能源投资项目开展工作，使可再生能源电价附加资金能够更好地发挥作用，提高使用的效率，促进新能源产业的茁壮成长。通知中主要涉及一项价格政策，随着该种发电方法发展规模的扩大，采用这种发电方式产生的电的价格将随之降低，并预测颁布了未来几年的标杆电价，帮助投资企业进行投资预测。这种电价分成两个部分：第一部分是零到当地燃煤机组标杆上网电价，按规定结算支付；第二部分是超出燃煤机组标杆上网电价部分，由国家支付。

2016 年 1 月 21 日，国务院办公厅印发《关于加快推进农业用水价格综合改革的通知》，提出具体实施中的基本原则。该通知旨在奠定一个良好的基础，调整农业用水价格，完善农业用水价格机制，通过补贴和激励制度优化、改善保障手段。在资源配置上，必须将市场的决定性作用和政府的辅助作用相组合。我国要加强水资源供给的管理工作，重视制度体系的建立，坚持因地制宜的原则，根据水资源在不同地区原生条件和后天培育等方面的差异，并考虑土地流转、农业经营方式和当地农业工作者的想法，寻求最符合实际情况、具备当地特色的方法，然后按计划分步实施。

3.2.6 生态补偿政策

2014 年 5 月 20 日，农业部办公厅、财政部办公厅联合通知，全方位致力草原生态保护补贴和奖励机制政策的制定。该政策旨在更好、更快地实施补充任务基金，完成降级信息的及时准确上报工作，对生态保护成果进行评价，对基本草原进行划定保护，鼓励、支持草原畜牧业的转型，推动草原畜牧业的发展。

2015 年 12 月 31 日，国家发展和改革委员会与联合国林业局联合下发《关于扩大新一轮退耕还林还草规模的通知》，积极推进扩大退耕还林还草工程实施规模的任务。相关政策具体如下：第一，将确实需要退耕还林还草的陡坡耕地基本农田调整为非基本农田。对已经被分为基本农田的陡坡耕地，在考虑当地农民生存的前提下确定具体退耕还林面积。第二，注重在贫困区推进新一轮退耕还林还草措施，加紧进度安排，所属省份在实际运行中要集中于贫困区建设，使退耕还林还草政策能够全面深入地展现出扶贫功能，引导贫困地区走向致富的道路。第三，对陡坡耕地、重要水源地和污染严重的耕地进行针对性研究，确定其有关退耕还林的需求。第四，政府要及时迅速地划拨相关的补助资金。这四条具体政策在很大程度上推动了国家退耕还林工程的进展，并在推进过程中结合实际情况，不盲目、不一味地追求效果，讲究稳扎稳打，一步一步地开展工作。

2016年4月28日，《国务院办公厅关于健全生态保护补偿的意见》正式发布。该意见提出几项原则，具体来说，就是项目的实施主要由政府主导、监督，公众一起参与，权利和责任相互统一。其目的是，到2020年实现生态保护补偿完全覆盖多个重要领域（如森林草原、湿地沙漠和海洋耕地）的目标。同时，补偿水平能够适应经济和社会发展，2020年能够获得可观的进展，主要表现在跨区域和跨流域补偿试点示范项目上，补偿机制的多样化能够符合中国的基本国情，促进绿色生产生活方式的推进。

3.2.7 排污权交易政策

2016年1月11日，国家发改委办公厅发布通知，落实全国碳排放交易市场的关键任务。这条通知主要是为了使经济和生态文明的体制改革相结合，以实现低碳减排为目标，在该目标的指引下发挥其决定性的作用，展现市场魅力，并与企业、地区和国家合作，以促进碳交易市场的形成。通知还提到相关的实施办法，先选择合适的加盟市场，然后调查公司提出的碳排放量记录，通过选拔成立第三方核查机构，挑选有能力的人员，促进整体性建设目标的实现。

将碳排放权作为一项交易物品，企业会对碳排放问题更加重视，目的是得到额外的利润，而额外的利润可以抵消企业对碳减排所投入的资金。企业可以联合供应链合作伙伴共同致力碳减排。

3.2.8 新出台的环保政策

2015年12月31日，国家发展改革委办公厅关于印发《绿色债券发行指引》的通知旨在全面贯彻党中央的精神，响应党对生态文明建设的要求，发挥好企业债券融资的作用，积极倡导和鼓励社会资本参与到生态环境的建设中，改善、调整我国的经济结构，促进我国发展方式的优化与改革。其中，企业债券融资可以解决企业的低碳环保发展问题，这将对节能减排产生积极的影响，实现绿色发展、改善环境等。目前，指定重点支持项目主要涉及节能减排、清洁高效利用能源、开发新能源、发展循环经济、水资源的开发利用、污染的预防治理、退耕还林、节能环保低碳产业和生态文明、低碳发展的试点。

2016年3月2日，国家发改委联合商务部下达有关通知，提出《市场准入负面清单草案》（以下简称《草案》）。经过综合考虑，结合地区发展状况，选择了粤、津、闽、沪作为试行示范区，由当地省级人民政府以《关于促进绿色消费的指导意见》（以下简称《意见》）和《草案》为依据做出拟实行的方案，然后上报国务院，得到批准后正式实施。在试行阶段，省级人民政府要时刻进行观察，梳理进展情况和市场主体显现出来的重点问题，然后及时优化《草案》。另外，根据《意见》和《通知》中的有关条款，当地政府需要掌握《草案》适用的对象和范围。

2016年9月21日，《关于深化环境监测改革提高环境监测数据质量的意见》正式印发，国务院及中共中央提出，到2020年保障能够构建良好的环境监测数据质量保障责任体系，环境监测机构与工作人员的工作能够独立、公正地进行，环境监测数据能够呈现全面、客观、准确和真实的特点。同时，第一次明确了责任归属问题，地方政府和党委需要严格保证环境监测数据的真实性，环保、质检及有关部门需要发挥好监管作用。这是我国对环境监测的又一次重大改革，不断深化和推动环境监测的规范化发展，对我国环境保护事业做出了巨大贡献。

2016年11月24日，国务院发布了《"十三五"生态环境保护规划》，并在该规划后推出了各项有关的建设发展规划，给生态环境保护事业的发展带来了有效的指导。之后，分别出台了有关污水处理、生活垃圾处理、核安全问题、农村环境问题等的建设整治规划，这些规划的制定将总规划具体落实到小环节上，将不同的生态环境污染问题综合性、针对性地各个击破。

2016年12月31日，环保部门公布了关于土地污染的管理政策，即《污染地块土壤环境管理办法（试行）》，该方法自2017年7月1日开始正式实施。这项政策中确定了土壤修复产业发展的重要依据：确定监管的重点；加强对风险的管理控制；明确持有土地使用权的人员；明确对土地造成污染的主要责任人和第三方专业机构的不同义务与责任。2017年9月25日，《农用地土壤环境管理办法（试行）》颁布，规定对农用地土壤造成了污染的，依法承担相应的责任和费用，包括调查监测、风险评估、控制和治理的成本。其中，需要进行治理修复相关工作的，责任人应当把工作委托给有技术和能力的单位，让单位对污染地进行调查监测，并结合风险评估结果制定相应的治理修复方案，最后上报给当地的环保部门进行备案。同年12月26日，全国人大常委会对土壤污染防治法草案第二审稿进行了审查，并提出土壤污染防治应与恢复、扩大和优化自然生态系统共同进行。恢复工作需要进一步完善，以制定具体的实施措施。一系列的管理办法表现出我国对土壤污染问题做出了不断的努力。

2016年12月31日，《"十三五"全国城镇生活垃圾无害化处理设施建设规划》印发，旨在全力提升生活垃圾无害化处理的水平。与全国范围内的无害化处理总水平相比，城市生活垃圾的焚烧处理水平达到50%，我国东部地区的垃圾处理水平几乎是60%。从垃圾处理水平中可以看到，我国的生活垃圾处理水平正在不断提高。随着城市化进程的加快，"十三五"规划落实到了实处，可以预见未来我国的垃圾处理水平将不断提高。

2017年3月18日，国家发改委、原住房和城乡建设部再次联合下达了《生活垃圾分类制度实施方案》。我国要加快垃圾处理系统的建立健全，形成生活垃圾处理流程，即先分类投放，再收集运输进行处理。发达国家已经全面实施了垃圾分类，但是鉴于我国的实际情况，先对部分城市做出强制性要求，并且制定目标，在"十三五"规划结束时，回收利用率达到35%。因此，该方案的全面推进可以积极促进我国生活垃圾的处理，改变我国居民浪费的生活方式，促进美好社会的建设。

2017年7月18日，国务院办公厅印发的《禁止洋垃圾入境推进固体废物进口管理制度改革实施方案》提出要注重对洋垃圾的处理工作。2017年底，群众表现出明显抵抗情绪的，并且会对我国生态环境产生较大危害的固体废物将实施全面禁止措施；直到2019年底，对于可替代性的固体废物，要使用国内资源代替进口资源。可以看出，我国将采取循序渐进的方式降低固体废物的进口量。该方案的推行对我国的资源循环利用产业的发展来说具有重大意义，将积极促进固体废物回收体系的改革和再生资源加工工艺的创新。

2017年9月6日，财政部、国家税务总局发布《关于印发节能节水和环境保护专用设备企业所得税优惠目录（2017版）的通知》。根据该通知，符合具体标准的企业才能享受优惠政策，获得减免税待遇。当税务部门无法评判企业是否符合标准时，可以向地方部门进行请示，将对企业的标准审核委托给专业的机构判定，由其给出最终意见。2017年10月17日，工信部印发《关于加快推进环保装备制造业发展的指导意见》（以下简称《意见》）。《意见》指出，环保装备制造业应当不断创新，不断提升自身的关键核心技术，以追赶国际水平，形成有层次的、规模化的产业集群，展现鲜明的特色。同年12月27日，工信部、科技部发布了《国家鼓励发展的重大环保技术装备目录（2017年版）》。其中，对具体环保装备进行了细致的分类归纳，以使企业更好地了解具体项目，针对性地投入资金进行环保项目的实施。

3.3 小 结

我国处在一个飞速发展的新时代，每一天都在发生着巨大的改变，身处在这样变化剧烈的社会中，各类企业也处于转型升级的进程中。因此，许多过去的法律法规和政策将很快不能适用新发展形势的需要。这就需要政府与时俱进，及时修订不合时宜的法律法规，并颁布新政策以弥补旧政策的漏洞。只有这样，才能有力惩处违反法律的企业，让不法分子没有可乘之机，保障市场的公平公正，促进经济的良性发展。要发展好生态经济，必须有完备的法律法规。我国已经基本形成一套环境资源法律体系，其中包括《中华人民共和国土地管理法》《中华人民共和国矿产资源法》《中华人民共和国环境保护法》等法律以及相关意见、通知和方案等，它们在生态经济发展与环保事业中发挥着重要作用。此外，我国不同城市和地区要根据禀赋差异，如地理环境、历史文化、经济结构等，制定并实施针对性强的地方法规政策，从而保证相关的法律与政策措施能够真正得到贯彻落实。

另外，要保证生态经济的健康发展，还必须加强环保执法力度。其一，生态环境建设资金严格规范化。环境保护是一项需要大量资金投入的长久性工程，公益性的特点表明其需要政府的支持。比如，企业提高产能需要政府的资金补偿，公共环保建设需要政府财政的支持，还有跨地区、跨流域的生态补偿，甚至涉及各部门之间的分配问题。所以，要保证环保资金的合理、高效运用，必须建立健全完善的制度体系，严格监管资金流向，实现资金透明化，严惩违法行为。其二，对于违法企业，要严格实行惩罚制度，只有奖罚分明，严格实施法律和政策，加强监管体系，才能使我国民众遵法守法，做到环保。其三，为了促进生态经济发展，也为了保护环境，我国公民要实现绿色消费，这不仅是对勤俭节约这一传统美德的继承，还是目前我国经济新的增长点，同时减轻了社会资源压力。

第4章 生态农业发展模式创新

农业是与人们日常生活联系最紧密的产业之一，从原始农业、传统农业到现代农业的发展过程中，农业生产发生着重大变化。在传统农业生产过程中，人们较为重视"高效、高产、优质"，即偏重"生产"，忽视了生产过程中各要素之间的相互联系，或者说忽视了农业的"生态圈"。在我国农业现代化进程中，"高投入、高产出、高污染"的工业化农业直线生产模式凭借其快捷、高效的特点得到了广泛应用。农业生产者为了扩大生产，往往追求简单的大规模生产及机械化的操作，将大量林地、湿地、草地改成农场，并从事大面积的单一农作物种植，导致生态功能区被严重破坏，水土流失、干旱、洪涝、风沙等生态问题越来越严重。同时，这种不可持续的农业发展观念使农业"生态圈"中各元素被破坏，农业生态系统中生物多样性减少，从而导致系统的稳定性下降，"病、虫、草"等灾害频发。为了解决病、虫、草等灾害，农业生产者过分依靠农药化肥而衍生出化学农业，虽然能高效治理病、虫、草等灾害，但在长期使用农药化肥中使病、虫、草产生了抗性，造成了环境污染及资源的大量浪费。因此，生态农业的一项重要任务是承认农业的完整性，学习自然生态系统的运作方式，将整个农业生产体系重新进行构造、整理，建立有效平衡农业经济效益、社会效益和生态效益的生态农业模式。

在我国生态农业的发展过程中，不同区域形成了不同的生态模式。目前，有以下典型的生态农业模式：一是北方地区的"四元"绿色发展模式及相关技术；二是南方地区的绿色发展模式"猪—沼—果"及相关技术；三是平原地区的绿色发展模式复合农林及相关技术；四是草原地区的生态恢复与可持续利用，有机种植业、渔业、畜牧业及相关生态模式技术；五是山地丘陵小流域的农业服务、旅游与生态农业及相关技术的融合。

随着技术的革新、环境的改变和农业观念的进步，在未来农业生产过程中，生态农业会衍生出怎样的发展模式，这些模式的发展又会依赖什么样的技术条件及自然环境基础，都是值得我们思考的问题。

4.1 生态农业研究概述

4.1.1 生态农业内涵及其特征

1980 年前后,"生态农业"第一次作为正式的概念被学者谈及。此后,关于生态农业的各种理论成果接连出世,学者对生态农业含义的阐释也层出不穷。

结合不同学者的理论进行分析,可以将生态农业的概念综合理解为以生态经济学、管理学等理论为基础,将传统技术和现代高新科技的研究成果加以融合,充分利用当地天然资源及社会资源的优势,因地制宜,针对性地进行规划,在实现经济效益的同时,不能忽视生态效益和社会效益,以此形成新的农业生产体系。

生态农业提倡人与环境和谐发展,主张既要重视经济规律,又要重视自然生态规律。这是一个庞杂的综合性系统工程,也是一个高效率的人工性生态系统,其主旨在于构建一个新型的农业生态结构。[124]结合我国具体国情,这种生态农业体系具有以下特点:驱动各个产业协同发展;因地域差异,发展模式多样化;高效益;稳定持续。

4.1.2 生态农业现有发展模式

刘刚、张春艳[125]依据地域特点和发展水平将现有的发展模式归类为以下三类:在城镇郊区发展功能拓展型生态农业,在农产品大量生产区发展规模化生产型生态农业,在农产品不易生产区发展效益互补优化型生态农业。

1. 多功能都市生态农业

在城镇郊区发展功能拓展型生态农业,这种生态农业主要围绕城镇居民的物质需求及精神、文化生活的高层次需求,打造优质农产品生产、观光体验农业、绿色农业、文化产业为一体的生态农业模式。

2. 规模化生态农业

在传统农产品主产区推进规模化、专业化、特色化生态农业运营模式。一是培育特色农产品生产基地,形成特色健康农产品的产业链条;二是发展相关配套农业经济组织,做好规划、引导、监督。

3. 综合效益优化生态农业

农产品生产自然条件较差的高原、干旱区等区域虽然自然环境不利于农产品的大规模生产，但有较大的增值空间，可依靠优质的自然资源，种植用材林和经济果林，或者启用各具特色的复合型农业生产模式。

4.1.3　生态农业发展困境

探讨生态农业的发展阻碍及其形成因素，有利于不同观点之间的交流和互动，最终形成改革路径。聂磊[126]指出，目前制约生态农业发展的主要因素为农业生产环境治理压力大，逐利欲望及信息不对称导致市场管制失灵，定价机制不够合理，利益分配机制不够完善，等等。

1. 农业生产环境治理压力大

农产品的生产依赖生产环境，不注重环境保护，生态农业就会丧失发展根基，成长空间就会非常有限。而当前发展模式注重产量而非质量，以至于农业生产过量使用化肥、农药严重破坏了耕地和水源，土壤和农业用水污染问题加剧。保护农业生产环境不是一蹴而就的，是一场持久战。

2. 逐利欲望与信息不对称导致市场管制失灵

农产品尚未像工业产品一样形成规范化、规模化生产，其产品提供者的来源众多且分散，很难追究在加工、储存、运输、分销等环节的安全责任，导致产业的信息透明度低，一些急功近利的生产者抓住监管环节的漏洞，竭泽而渔，破坏市场秩序，造成了"劣币驱逐良币"的恶劣现象。

3. 缺乏合理的定价机制

生态农产品的定价和顾客的期望价格之间落差较大，虽然顾客在购物时倾向选购生态农产品，但是由于生态农产品定价较高，超出顾客的心理价位，部分人群只做观望态度，并不实际购买。生态农产品想要有更好的市场前景，就需要通过细分市场来精准定价，因此建立健全定价机制有助于提高农产品的销售。

4. 利益分配机制有待完善

虽然消费者对农产品的需求量大，但处于产业链下游的小农户面对市场缺乏议价能力，只能依靠低价格和高产量谋求生存空间。过分看重生产数量的理念改变着工业化农业的生产节奏和生产方式。

张燕、张进[127]认为，我国生态农业还存在以下挑战：一是对农业生产者的激励补偿制度不够完善，生态农业无法得到更长远的推广与发展；二是社会化背景下的小农生产制约了生态农业的大规模发展；三是均田制影响着农产品的批量化生产，制约着产业的规模化、规范化经营与管理。

4.1.4 生态农业路径探索

1. 强化科技支撑

一方面，为了使生态农业有进一步的发展，必须加强相关关键技术的研究、示范、推广，使高新技术能更细致、更全面地应用于生态农业中。[128]比如，改善农业技术装备条件，广泛采用智慧型农业物联网技术开展农业生产过程的远程监测和控制，推动云计算等新兴技术手段在农业生产中发挥作用，实现互联网向田间地头的延伸运用，将农业数据实时上传，成为大数据的一部分，发挥大数据在选种、育苗、田间管理、收割采摘等环节的支持作用。另一方面，大力推广现代化农业生产方法和设备体系，如优质种苗研发方案、温室智能控制系统、标准化水产养殖工厂、现代化畜禽养殖系统等，切实加快生态农业的进步与完善。

2. 加强品牌建设

生态农产品可树立品牌效应，凭借区别于其他同类产品的优质产品质量和鲜明产品特色抢占市场，得到消费者的青睐。同时，品牌建设有助于建立质量安全的约束机制，降低交易风险。

3. 完善利益分配机制

生态农业要保证农户得到经济效益，才能不断发展。农村人口增加收入不能仅依靠粗放的生产方式增产，更要利用市场机制特别是价格杠杆保障农户的经济利益。适度规模的农户合作组织在与市场对接的过程中，可以减少信息不对称的情况，因此可以通过提高农民组织化程度提高农民的议价能力。更重要的是，利用社会化服务帮助农民进入市场，建立合理的利益分配机制，这是解决庞大市场的对接风险问题的关键所在。

4. 拓展生态农业多种功能

现代生态农业在发展中以追求产量为主，往往忽视了生态功能和文化功能。

生态功能和文化功能可以通过生态质量附加值产品和文化附加值产品的开发及生态农业休闲功能产品的开发加以实施。

5. 加快推动生态农业产业融合发展

要以市场为导向，建设生态农业产业链，推进形式多样的产业化模式，如"公司＋小农业生产者""公司＋农业基地""科技＋农业＋工业＋贸易"一体化，实现规模化生产和产业化经营。同时，促进第一、第二、第三产业协调发展，打造全产业链紧密型企业联盟。

4.2 我国发展生态农业的背景

生态农业是促进生态系统和工程实施，保护自然环境和最大限度地利用自然资源的一种手段。这是一种农业发展的新模式，旨在以开发自然资源为基础，因地制宜地规划和组织农业生产活动，最终实现农业生产与生态环境相协调的良性发展。

4.2.1 农业资源问题

1. 水土流失、土壤盐渍化、土地沙漠化

随着毁林和牧场退化，荒漠化和土壤侵蚀现象日益严重。2017年，全国水土流失面积达到295万平方千米，沙化土地面积173万平方千米，土地流失总量5亿吨/年，盐碱地逾600万公顷，受侵蚀的耕地面积占全国耕地总面积的1/3，如表4.1所示。我国大部分水土流失发生在黄土高原，其地表面积约540公顷，水土流失量已达45万公顷，其次是南方亚热带及热带的山地丘陵地区，此外华北、东北等地区的水土流失问题也很严重。图4.1为我国土地荒漠化程度现状统计图。

表4.1 我国水土流失及盐碱地现状

水土流失面积	土地流失总量	盐碱地
295万平方千米	5亿吨/年	600万公顷

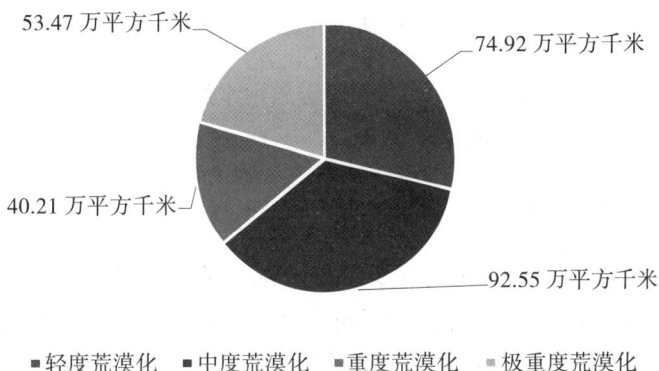

53.47 万平方千米

74.92 万平方千米

40.21 万平方千米

92.55 万平方千米

■轻度荒漠化　■中度荒漠化　■重度荒漠化　■极重度荒漠化

图 4.1　我国土地荒漠化程度现状统计图

2. 农业资源衰退

到 2017 年末，我国耕地总面积为 20.23 亿亩，人均耕地面积量低于世界平均水平的 1/2。随着基础建设的不断发展，越来越多的耕地被用来基建。目前，我国的耕地面积正在以 10 万公顷 / 年的速度减少。土壤有机质下降速度也逐年增长，其中 56% 的耕地缺少钾元素，约 50% 以上的耕地缺乏微量元素，70% ～ 80% 的耕地养分不足，含氮量过量的耕地面积却占 20% ～ 30%。化肥使用不平衡和有机肥供应不足，大大降低了农业用地对水和有机质的储蓄功能，这也是我国西北和北部地区沙尘暴高发的重要原因。图 4.2 为 2012—2016 年全国耕地面积变化统计图。

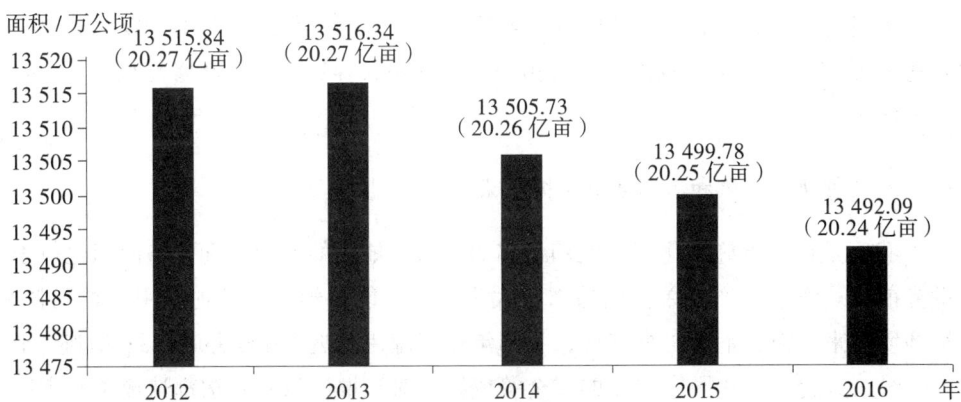

图 4.2　2012—2016 年全国耕地面积变化统计图 ❶

---

❶　图源：《2017 中国土地矿产海洋资源统计公报》。

3. 农用水资源短缺，尤其是北方的农用水资源稀缺

目前，全世界每年向海洋、湖泊等地排放污水约 42 亿立方米，污染淡水 550 万立方米，占世界总径流量的 14% 以上。

4. 草地资源不断退化

据统计，我国草地总面积约为 3.53 亿公顷，可利用的草地面积为 3.12 亿公顷，超过国土面积的 40%，在世界上居于第四位。随着对草地资源的长期广泛开发，我国草原退化面积已达 6 670 万公顷，同时草地正受沙漠化的威胁。内蒙古、青海自 20 世纪 50 年代以来，牧草产量减少了 1/3，其质量也在下降。

4.2.2　农业环境问题

1. 工业和城市排放的"三废"造成生态系统污染

"三废"是在工业生产中所产生的废气、废水、废渣的合称，其中含有多种有毒有害物质，如果处置不当会导致排放物超出大气、水体、土壤等生态系统的环境净化能力范围，从而污染环境、破坏自然资源并破坏生态平衡。废气主要包括二氧化碳、二氧化硫、硫化氢等，是在农业生产和工业生产的过程中形成的，这些有害气体会对生态环境造成严重危害。工业生产废水会造成水质、水资源的恶化，影响生活和生产用水的质量。2014 年，我国中重度污染土壤面积约 5 000 万亩（约 33 333.33 平方千米），每年因污染而损耗的粮食达 1 200 万吨，造成的直接经济损失超过 200 亿元。2017 年，我国投入工业污染修复项目有 109 个，总投入达 35.9 亿元，但由于我国的土壤污染是长期积累导致的，因此修复难度大，效果不显著。

2. 过量使用化肥和农药导致土壤污染

我国是世界上施用化肥和农药最多的国家，地膜的使用量和覆盖面积也位于世界前列。农业生产者单方面追求扩大生产，不能科学、合理地施用作物肥料，给环境带来了极大危害。据统计，我国年化肥施用量近 6 000 万吨，约 40 吨 / 平方千米，远超出发达国家建立的安全警戒线，对土壤质量和结构都造成了有害影响。但肥料有效利用率仅为 40%，这使土壤中的硝酸盐不断累积，土壤受到严重污染，而且流入河流对水体的有机质和养分产生了严重影响，影响了水产和水体生物平衡，还污染了地下水，影响了空气质量。化肥的不科学和不合理使用阻碍

了我国农业生产的发展，降低了我国综合农业利用率。同时，农用化学品对土壤和环境也会产生严重危害，如农药会在大气扩散传播威胁其他动物的生命，一些农产品和畜产品的农药残留严重超标，直接影响人类健康。我国每年农药使用量约为 23 万吨，其中剧毒农药占不少比例，土壤中残留的农药通过地表被引入植物，或通过地下水被引入河流、湖泊和海洋，在水生生物中不断积累，对其生存发展造成很大危害，并最终影响到了人类的生存与发展。

3. 规模养殖业产生的畜禽粪便污染

动物和家禽的排泄物含有大量的磷氮化合物，特别是在氨基酸不平衡和可用营养素低的情况下。牛粪中约有 45% 的氮含量、25% 的磷含量，渗入土壤后生成硝酸盐和磷酸盐，其浓度过高则会使土壤失去生产价值，污染地表和地下水，超过水体氮、水硬度与细菌数量的标准限度。水体物质的富营养化致使蚊子、昆虫及藻类和其他水生植物大量繁殖，水中氧气被大量消耗，单位含氧量急剧减少，导致水域中的鱼、虾等水生动物因缺氧而死亡，而动物腐败进一步加剧了水体的富营养化。

4. 农业辅助设施产生的塑料等废弃物对生态的破坏

地膜覆盖技术在农业生产中能够帮助保存有限的水资源，但覆盖膜使用后的残留塑料带来的污染是一个严重问题。十多年来，我国地膜的平均年使用量保持在 150 万吨左右，尽管近几年加大了回收处理力度，平均每年的残留量仍将近千吨。部分省市的调查结果表明，这些地区的地膜平均残留量为 3.78 吨 / 平方千米，造成的减产损失达到了总产量的 1/5 左右。残存在田间的地膜会对农业生产管理产生干扰，因为土壤的耕层结构会受到破坏，理化特性会被极大影响，使土壤的通透性及水分的上下输送遭遇严重阻碍，会妨碍作物种子的生根、发芽和生长，病毒、细菌等有害微生物的活动会变得更加猖獗，农作物根系发育和器质性功能会严重受损甚至丧失，最终导致农作物产量下降。

5. 秸秆焚烧造成环境污染和土壤结构失衡

秸秆的大面积燃烧会造成严重的空气污染，研究表明，焚烧废秸秆时，二氧化硫、二氧化氮和三氧化二氮以及大气中可吸入颗粒物的污染显著增加，二氧化硫的浓度比正常的二氧化氮和三氧化二氮高两倍。同时，秸秆在地面焚烧会使地表温度急剧升高，土壤中的有益生物会被杀死，改变土壤矿物质含量，破坏土壤的营养平衡，直接导致作物产量的降低。

4.3 生态农业产业发展模式创新

4.3.1 我国生态农业发展概况

截至 2015 年 1 月，我国生态农业的类型、规模和形式各不相同的示范区多达 2 000 多个，在这些示范区中，国家和省级生态农业示范县达到 300 多个。此外，目前有 9 个省份正在积极从各个方面开展对生态省的建设，生态农业建设示范面积已经达到 1 亿多亩（1 亩约 666.67 平方千米），大约是全国范围内耕地面积的 7%。

为了促进生态农业的发展，我国各部委出台了多项政策强化生态农业的建设。《全国农业可持续发展规划 2015—2030 年》提出，实现"稻鱼共生"、林下经济等生态循环农业模式，到 2020 年实现现代农业示范区和粮食主产县区域内农业资源循环利用，到 2030 年基本实现农业废弃物趋零排放。《农业综合开发区域生态循环农业项目指引 2017—2020 年》将生态循环农业发展提升到战略高度。

为了响应国家积极发展生态农业的号召，各省也发布了促进生态农业的政策与规划，如表 4.2 所示。

表4.2 2016—2018年部分省份生态农业发展政策❶

序号	政策发布时间	省份	政策名称	主要内容
1	2016 年 1 月	湖北	《湖北省农业发展"十三五"规划纲要》	加快建设一批生态、循环、高效的农业示范县、乡（镇）、国有农场和园区，加快构建"主体小循环、园区中循环、县域大循环"的生态循环农业体系，重点推进四湖流域、汉江流域的生态循环农业
2	2016 年 8 月	浙江	《浙江省现代生态循环农业发展"十三五"规划》	现代生态循环农业示范区 110 个、示范主体 1 030 个、生态牧扬 10 000 个，主要食用农产品中"三品"比率达到 55%

---

❶ 数据来源：前瞻产业研究院。

序号	政策发布时间	省份	政策名称	主要内容
3	2017 年 1 月	海南	《共同推进海南生态循环农业示范省建设合作备忘录》	"十三五"期间,省部共建以生态循环农业作为转变海南农业发展方式的重要方向,建立起海南农业生态循环体系,把海南打造成全国生态循环农业示范省
4	2017 年 2 月	江苏	《江苏省"十三五"现代生态循环农业发展规划》	推进"互联网+"在现代生态循环农业发展中的运用,构建粮、菜、果、茶、畜、加工、能源、物流、旅游、信息一体化和一、二、三产业联动发展的现代复合型循环产业体系
5	2017 年 6 月	湖北	湖北省全省循环农业推进会	建设 10 个省级沼气循环农业示范区,区域内绿色产业规模达到万亩以上,规模养殖粪污收集处理率达到 100%,还将建设 100 个省级生态能源示范村、100 个省级农村沼气示范工程
6	2017 年 8 月	河南	《河南省"十三五"现代农业发展规划》	"十三五"期间,每年依托生态循环农业示范县、示范区和示范企业,创建 30 个生态循环农业示范区和示范基地;到 2020 年,创建 130 个畜牧业绿色发展示范县(国家级 10 个、省级 20 个)、500 个生态畜牧业示范场
7	2018 年 6 月	甘肃	《甘肃省循环农业产业发展专项行动计划》	创建种养结合循环农业发展示范县 30 个、循环农业示范基地面积达到 2 000 万亩以上,粮改饲面积达到 800 万亩以上,占粮食播种面积的 20%
8	2018 年 8 月	山东	《关于创新体制机制推进农业绿色发展的实施意见》	发展生态循环农业,拓展农业生态功能,积极发展休闲农业、创意农业、智慧农业,塑造终端型、体验型、循环型、智慧型新产业新业态,构建全环节提升、全链条增值、全产业融合的农业发展新格局,到 2020 年,创建省级生态循环农业示范县 30 个,创建省级休闲农业和乡村旅游示范县 40 个

这些政策和取得的成效都在告诉我们生态农业是农业可持续发展的必经之路。在这些政策的规划支持下,我国的生态农业发展已经取得一定成绩,但是依然存在以下几个典型问题:

一是缺少法律法规的支持。目前,我国尚未建立完善的法律政策,缺少关于我国生态农业的发展、农业的可持续发展的硬性规定,而且大多数生态农业建设都只是建立在初始的工作大纲和工作计划的基础上，没有一项是在深入研究后的基础上编制出来的，这直接导致了最后没有办法或者途径去实现可持续发展。

二是生态意识薄弱。农民大多更关心自己的经济利益，以追求利润为核心而不在乎长远的发展，所以他们更愿意采用那些老式但见效快的农业技术，即使这些技术会对环境带来破坏。这样的思想直接导致了那些"短、平、快"的农业技术在农民之间广受推崇，而那些既能保护土地资源、肥沃土壤，又能减少环境污染的农业技术难以在农业生产中得到推广。

三是缺乏农业技术人员。生态农业的建设需要各个方面和领域的科技工作者进行指导，需要那些具备一定文化素质和环境保护意识、接受能力强的农民从事相关的农业生产。可是目前，我国的农业生产水平仍旧停留在传统的农业时代，在很多地方从事农业生产的大都是一些老年人，他们中大多数思想较为保守，对于新事物的接受能力不强，而具备一定文化素质、对新事物接受能力强的年轻人大都不愿意从事与农业相关的行业。

四是农业基础设施不完善。农业基础设施是生态农业发展的基础，需要大量的资金投入去完善、健全。然而，我国很多地区的生态农业建设还处在起步阶段，对于资金支持的需求非常大，虽然国家和地方已经投入大量的资金进行生态农业的建设，但还是无法完全满足其需求。

4.3.2　我国生态农业的转型升级路径探索

我国的农业在各个发展时期各具特点，需要从多个角度去了解。在中华人民共和国成立初期，我国农业追求的是农业工业化，先后提出了农业在机械化、水利化、化学化、电器化等方面的发展方向，但是当时我国工业技术的落后制约了我国当时农业工业化的发展脚步。直到 20 世纪 70 年代初，我国在化肥与农药方面的工业才有了起色并开始快速发展，而农业的机械化是在近十年才开始快速发展的。到目前为止，农用化肥、农药、农膜的供应量已经不存在问题了，其生产速度还可以支持我国对农业商品的出口。虽然解决了生产技术和机械化的问题，但是新的问题也逐渐产生，主要问题是对农药、化肥等农业产品的不合理使用和过量使用。对此，我国一些具有可持续发展眼光的有识之士看出了其中的弊端，因为他们也发现了环境的恶化，这对我国农业的可持续发展是非常不利的。因此，在 20 世纪 70 年代末，他们先大致提出了生态农业的概念，然后在 80 年代逐步开展了生态农业的实践。进入 20 世纪 90 年代，农业部先后在全国 100 多个县建设生态农业示范县，分两批实施，这个工作到 2002 年结束。

农业生态环境相关工作逐步进入项目实施阶段，并以单个项目为主体。 2012

年，中国共产党第十八次全国代表大会提出建设生态文明，指明在工业化进程中，我国要更加关注农业资源，重视环境和生态问题及农产品的质量，并将其纳入一个更重要的位置。在改革开放初期，中国农业生产的发展目标由单一的"高产"转变为"三高"，即"高产、优质、高效"。2002年，目标进一步扩大到"高产、优质、高效、生态、安全"。到2015年，国家发布文件明确规定了农业的发展目标，即"高产、高效、产品安全、资源保护和环境友好"。

2014年，中国人均国内生产总值为46 629元，其中东部大部分省市的人均国内生产总值已达到并超过70 000元。这些数据显示，中国农业库兹涅茨曲线的拐点已经到达。2014年，农业部（今农业农村部）启动了新一轮全国生态农业试点工作，生态农业建设越来越受到重视。

因此，自2014年以来，国家在发展目标、思想、发展方式、实施方法、管理体制等多个方面颁布了一系列重要的政策措施，以促进各种农业生态转型。2014年4月，全国人民代表大会修订通过了《中华人民共和国环境保护法修订案》；2016年8月，经国务院同意，中国人民银行等7部门联合发布了《关于构建绿色金融体系的指导意见》，以促进国民经济的生态转型。从当前局势中可以看到政府对生态转型的决心和人民对生态转型的支持与期待，我国农业生态转型的外围环境良好。

4.3.3　我国农业生态转型的方略

一方面，我国在农业生态转型具有一定的优势。这主要是因为我国经历了漫长的传统农业时期，对生态农业的探索积累了大量的经验，加上专业的科技人员对生态农业建设的方法与机理的深入研究，政府对转型的大力支持等。

另一方面，我国农业生态的转型还面临着许多挑战。由于我国人均资源禀赋不足，生态环境制约的瓶颈已经显现出来。粮食现实产量与"藏粮于地、藏粮于技"之间的关系要如何掌控还需要不断探索，农村的基层人民群众与农业企业保护农业生态环境的合作与学习积极性也需要不断提高。与韩国、日本、北美等国家相比，中国的产权制度、行为准则、技术标准等方面存在许多不足，还需要不断学习、探索、改进，这需要各个单位、各个机构、各个群体一起合作，通过自身的努力去进步。

（1）要继续在生态环境典型地区开展高水平、基础性的应用科学研究，储备科技成果，注重长期、大规模收集农业生态环境和不同类型农业方法的比较数据以进行系统的研究。

（2）对现有的研究成果要学会如何进行实地应用示范：对成果的实用性进行客观和充分的评价，通过因地制宜进行改进，且成果的实地应用要符合政府政策和配套法规。

（3）我国应该更加重视行动，走入基层，及时发现群众存在的一些问题并积极去解决，总结群众的实践经验和一些优秀、实用的传统技术，同时广泛开展农业生态转型的相关教育培训，传授农民必要的生态知识，使农民具有生态意识，明白生态农业的必要性和重要性。

（4）各地还需要积极建立农业生态环境法治红线，为农业生态环境建设提供有力的运行和制度支撑。

大体来看，我国农业环境建设已经确立了发展方向，向生态转型已经迈出坚实的步伐，展开了生态转型的征程。但由于体系的不完善，行动还没有落实到各个角落，生态转型计划尚未步入正轨，这就需要进一步发挥政府在农业生态转型上的主导作用，采取适当的技术措施和管理措施，合力推进我国生态农业建设的进程。

4.3.4　我国生态农业产业发展模式创新

1. 在农业中运用生物技术

利用大量的生物催化技术，利用酶等催化剂对农田废弃物进行生物催化，使其变成水溶性的粉末状，撒在土壤中，让原本不长寿的宅基地和盐碱地发生变化，这在将废物重新进行利用的同时，节约了化肥上的花费，降低了成本。

2. 沼气工程的重点发展

近年来，各地区围绕沼气资源的开发与利用，结合农村现有条件，通过"改圈、改厕、改厨"等方式，发展"猪—沼—菜（粮—果—渔）"生态模式（图4.3），充分利用农村生产、生活产生的有机质，实现废弃物循环再利用，产生的沼气为农户供给能源，秸秆、畜禽粪便等农业固体有机质可以返还农田，增加农田的肥力，改善土壤的结构，提高农产品的产量和品质。

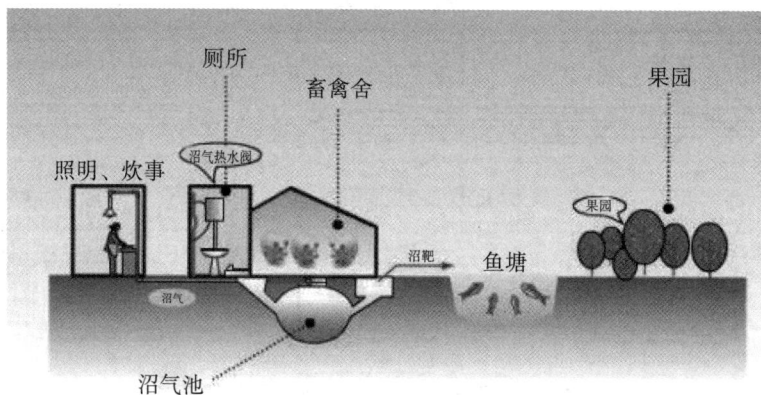

图 4.3　"猪—沼—菜"模式

3. 立体复合循环模式

"鱼—桑—鸡"模式（图 4.4）：在池塘里养鱼，在池塘边种上桑树，然后在桑园养鸡。池塘里的淤泥中含有鱼粪，可以与鸡粪一起作为桑树的肥料，蚕蛹及桑叶可以用来喂鸡，三者间形成了良好的生态循环。

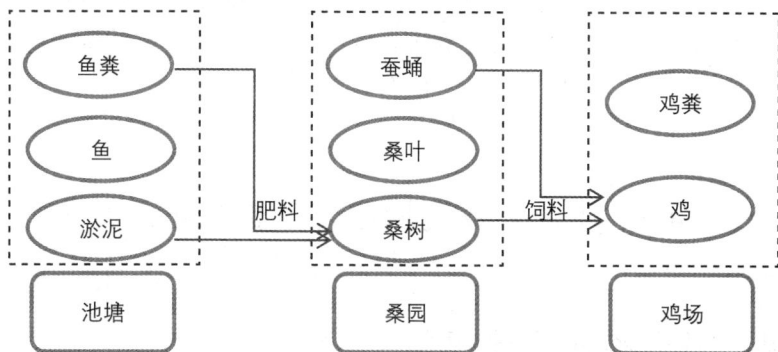

图 4.4 "鱼—桑—鸡"模式

"桑枝条—黑木耳—水稻"模式（图 4.5）：修剪后的桑枝可磨成粉末，作为种植黑木耳的营养基地。收获黑木耳后，剩余的菌渣也可以作为有机肥施到土壤中，提高土壤肥力。

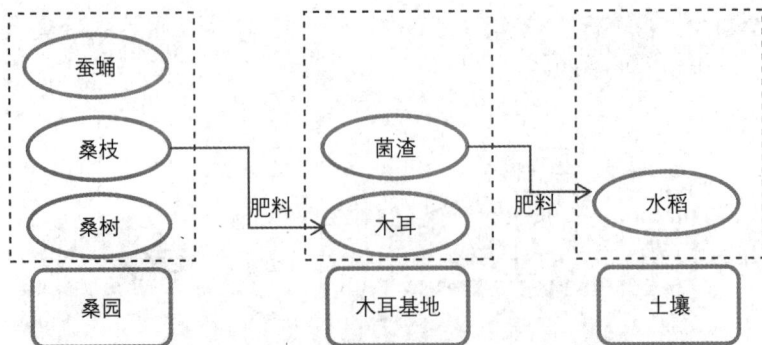

图4.5 "桑枝条—黑木耳—水稻"循环模式

4. 减量化模式

规范使用农药化肥、添加剂和动物饲料、药物等，增强防害等技术，在提高化肥农药利用率的同时，减少农药的滥用，缓解了土地盐碱化、富营养化等问题。

5. 生态农业和休闲娱乐相结合

区内各类休闲农场等休闲农业经营单位在资源和旅游市场上形成了相互促进、互补的良好局面。开发休闲农业，在现存的山地田地进行种植，生产的水果、蔬菜、牲畜和鱼产品将直接供应给农场的顾客。

4.4 生态农业发展模式企业案例分析

4.4.1 循环化农业生态发展模式

下面以山东民和牧业股份有限公司为代表，对循环化农业生态发展模式进行分析。

1. 企业案例介绍

山东民和牧业股份有限公司（以下简称"民和股份"）的前身是农业部山东蓬莱良种肉鸡示范场，始建于1985年，公司股票在2008年5月于深圳证券交易所成功挂牌交易，民和股份一举成为国内白羽肉鸡行业的第一家上市公司，旗下有鸡场、孵化厂、饲料厂、商品鸡基地、食品公司、进出口公司、生物科技公司等共 54 个生产单位。公司初步建立了以母鸡代养为中心的肉鸡生产链、商品鸡养殖链、屠宰场开发链、有机废物资源化链以及发达的旋转式生产链，具有自动化、智能化、分众化的特点，实现了现代畜牧业安全和高品位的发展，维护了生态平衡，被认定为首批"国家畜禽养殖标准化示范场""国家首批生物安全隔离区"。

2. 商业模式分析

（1）养殖模式

该公司在饲鸡、养鸡、产蛋三个阶段开发了生产工艺和禽肉养殖配套技术，解决了传统的低成活率、限饲困难、低表面密度的农作单元、管理困难等饲养难题。

（2）销售模式

多年来，该公司建立了覆盖山东省和辽宁省各地的强大分销网络，大幅度提升了鸡肉产品售卖速度。该公司的经销商同时经营饲料和兽药，熟悉市场情况，与农民保持密切联系，对当地市场有较大影响，是重要的客户和商业服务提供商。

3. 核心竞争力与未来战略分析

（1）循环经济模式

循坏经济模式（图 4.6）是公司的主要核心竞争力。经过多年的发展，该公司在循环经济中形成了较为完整的业务链，结合家禽养殖、屠宰和生物技术的发展，形成了"鸡—肥—沼气—电—生物量"循环经济发展的大众化模式和特色。以低碳循环经济理念为基础，带动肉鸡产业的发展，使畜牧业对环境的破坏从根本上得到缓解，促进了经济生态协调发展，实现了人与自然和谐统一。"循环经济"和"低碳经济"要求已成为我国养鸡业实现零排放、减量化健康稳定发展的重要基础，同时能提高社会经济效益和企业的盈利能力，增强可持续性。

```
                          种鸡养殖
                    ┌──────────────────┐
                    │                  │
              饲料生产              鸡苗孵化
                    │                  │
           蔬菜及其他种植         商品鸡养殖
                    │                  │
              有机肥生产            食品加工
                    │                  │
                    └──── 沼气发电 ────┘
```

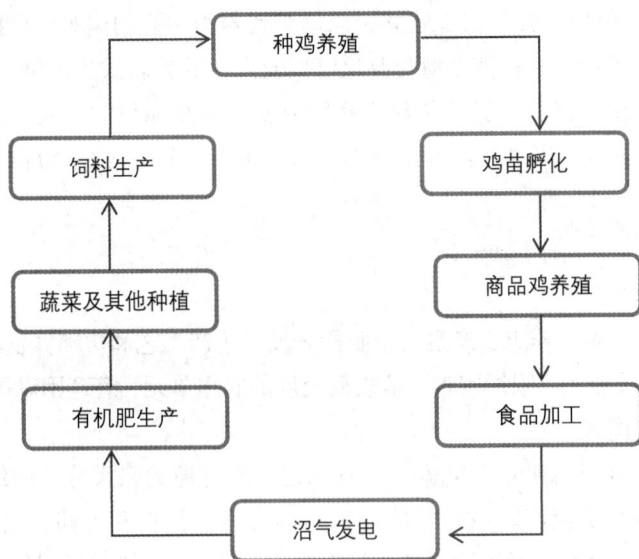

图 4.6　山东民和牧业股份有限公司的循环经济运营模式

（2）发展战略

近年来，山东民和牧业股份有限公司利用自身的财务和技术优势，通过联合其他公司的共同参与，积极推进退出战略，成立了北大荒宝泉岭农牧发展有限公司，投资生产白羽肉鸡 1.2 亿只使其形成产业化，成为一个一条龙项目。展望未来，山东民和牧业股份有限公司主要坚持生产活动和资本协调发展，以养鸡业为基础，在大规模农业的框架下创建多产业集团，不断发展健康养殖，生产绿色食品，发展循环经济，塑造良好的品牌形象。

4.4.2　多元化、现代化技术农业生态发展模式

多元化、现代化技术农业生态发展模式可以以正邦集团为代表。

1. 企业案例介绍

图 4.7 是正邦集团的质量可追溯体系。

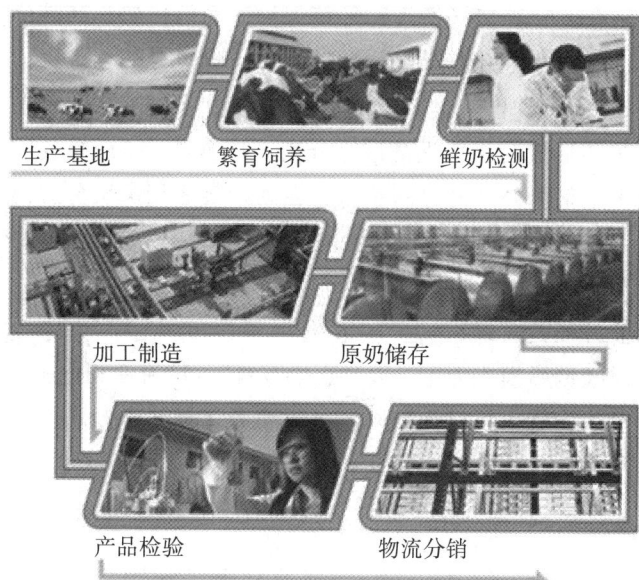

图 4.7　公司的质量可追溯体系

　　正邦集团成立于 1996 年，是发展农业产业化和博士后科研工作站特色化的公司，于 2007 年在深圳证券交易所上市。该公司由农业、金融、物流三大产业组成，主要从事生猪养殖、商品猪养殖、养鸭、新品种选育、肉类食品加工和饲料、兽药、生物农药、黄樟素及黄樟素农产品的加工，还有产品销售和相关技术服务等，产业贷款、担保、租赁和资产管理是这一链条的主要活动。该集团在 2016 年的总销售额高达 620 亿元，在全国五百强中位列第 238 名，在民营、制造业五百强中处于中上游水平。

2. 商业模式分析

（1）饲料业务经营模式

　　饲料业务的经营模式是以直接利用具有技术优势的经销代理、大型养猪场为基础不断完善和深化养猪场的模式配套，整合饲料、兽药、仔猪业务板块产品的供应，为规模化养猪场提供技术支持和饲养场，并提升客户黏性。

（2）生猪养殖业务经营模式

　　养猪业的开发模式是建立在"公司＋农民"模式中的自我可持续自繁自养模式的基础上的。该公司已经拥有一套完整的农场运营控制系统，在成本控制和疾病控制方面处于行业领先地位。2016 年，畜牧部在探索和实施"公司＋农户"模式的过程中，将企业在养猪场管理和环境保护方面的优势、品牌优势、成套产品优势和大部分的技术优势相结合，合作养殖模式迅速扩展。

（3）兽药业务经营模式

兽药贸易主要通过初级代理商进行分销，并建立了一个重要客户部门，用于大规模直接销售生猪。公司充分利用自身在动物疾病相关服务方面的优势，组建了一支技术服务合作交流团队，为高层次客户的产品提供疾病预防控制育种服务，并对产品进行改造。

（4）农药业务经营模式

农药业务以经销商模式为主，以"直供零售"（物流便利化领域）模式和"养殖基地直销"模式为辅，积极推广"产品＋服务"模式，为农业企业提供产品和服务包装，保护大生产商的利益（图4.8）。

图 4.8 正邦集团农药业务经营模式情况图

3. 核心竞争力与未来战略分析

（1）代化猪舍及自动化养殖设备优势

大部分猪舍都是根据当地气候采用全封闭或半封闭的方式建造的，并采用现代化设备和技术对动物进行高度自动化饲养，配备自动供料和自动清洗粪便系统来自动调节温度、湿度等，从而通过建设高水平的自动化养殖设备和技术有效地降低了人力成本。现代化养殖场为养猪提供了一个良好的环境，与现代化的免疫技术相结合，使牲畜的健康水平得到了提高，保证了产量。

（2）环保处理优势

公司对猪场的环境保护十分重视，成立了专门的环境公司，为公司和客户的环境保护规划、环境投入规划、设备采购和安装等方面提供服务。此外，还开发出一种综合的养猪模式。利用循环经济，发酵生产有机肥，发展配套作物，以适应未来产业的发展趋势。在当前的监管环境下，环境效益为企业持续快速发展提供了强有力的保障。

（3）发展战略

正邦集团把成为现代农业、食品生产商和环境无害化供应商的投资者和组织者作为目标，致力促进我国农业的规模化、产业化和生态化发展。目前，正邦集团正竭力推进"千亿工程"，目标是在鸭子、种子和生物农药行业创建三至五家上市公司，尽快实现1 000亿元的目标，成为全国最好的农业企业之一。

4.4.3 精细化工农业生态发展模式

下面以江苏蓝丰生物化工股份有限公司为代表，对精细化工农业生态发展模式进行分析。

1. 企业案例介绍

江苏蓝丰生物化工股份有限公司（原江苏苏化集团新沂农化有限公司）是江苏省苏化集团有限公司创建的大型农业企业，是国家发改委在监测光气需求量方面设立的一家公司，已取得生产专用许可证，是国内最大的利用天然气生产农药的公司。该公司是国内最大的杀菌剂生产商，是国内三大杀菌剂生产基地之一。

2. 商业模式分析

公司有化工和医药两个板块，化工上主要致力于中间体、杀菌剂、杀虫药、除草剂和原药的生产销售，医药上主要从事保健品、抗肿瘤、妇科和OTC等产品的生产销售。公司自成立以来，一直在有机农业领域致力于杀菌剂、农药、除草剂的原制剂和化学中间体的生产和销售。

3. 公司生态农业发展和竞争力分析

随着全球人口的增加，对食物的需求也在增加。全球气候异常引起的疾病、昆虫和杂草的增加及转基因作物的快速发展导致了农药产品的刚性。

随着人们对环境重视程度的不断加深和中国农业的不断发展，中国农药产业正在发生巨大的变化。该公司拥有强大的现代化管理团队，领导团队主要由研究生和MBA组成。除此之外，医药与农业相辅相成，共同发展。公司从化工原料制造业和化工产品制造业进入制药行业，实现了两大支柱产业的合作经营战略，以农药生产和研发为主、以精细化工中间体为辅的农业和化工企业逐步转变为农业和医药同等重要的综合性医药化工产品企业。在这几个领域，公司的抗风险能力、盈利能力和发展潜力得到了极大的提升。农业和医药行业在产业周期、资产类型和消费特征方面具有很强的互补性，更有利于形成波动性低、发展前景广阔的业务组合，为公司注入新的增长活力。

该公司还在苏州设有研发中心，配备了高精度仪器设备，吸引了众多业内高端技术人才，在众多优秀研究人员的努力下不断推进技术创新和技术进步。通过与国内知名研究机构和制药企业合作，公司的研发创新水平不断提高，产品线得到了丰富，竞争优势得到了提升。

4.4.4 新型优质农产品农业发展模式

下面选取袁隆平农业高科技股份有限公司对新型优质农产品农业发展模式进行分析。

1. 企业案例介绍

1999 年，湖南省农业科学院正式成立了袁隆平农业高科技股份有限公司，并于 2001 年在深圳证券交易所上市。公司成立伊始，注册资本为 1.05 亿元，现已增至 4.158 亿元。该公司以袁隆平的名字命名，袁隆平也是该公司的名誉主席兼股东。2004 年 12 月，长沙新大新集团有限公司成为该公司的控股股东。目前，袁隆平农业高科技股份有限公司在全国种子行业信用明星企业中排名第一，是国家创新的火花技术龙头企业，被誉为中国种子产业的第一品牌。袁隆平农业高科技股份有限公司是中国第一家集科研、生产、加工、营销、服务于一体的种子企业，是种子行业的完全参与者。

2. 商业模式分析

（1）主营业务

为水稻、玉米、蔬菜等高科技种苗提供一系列营销和生产服务；研究、开发、推广和销售新的农药和化肥；深加工和销售优质农副产品；发展新的农业技术和转让研发成果；农业技术咨询和培训服务；商品进出口业务；土地开发投资；土地整理及修复。

（2）盈利模式

袁隆平农业高科技股份有限公司一直坚持杂交水稻的研究，致力于研究各种杂交农产品，主要的业务方向是种子产业。公司通过农业服务创造价值，并开展农业支持工作，始终支持农产品的开发和销售及农业服务体系的建设。公司拥有以袁隆平带领的科研队伍将世界最先进的科技成果转化为产业的优势，秉承着为客户创造价值的理念，获得了"中国种子产业的领导者、农业服务的旗帜"的称号，在国内外市场得到迅速发展。

3.核心竞争力与未来战略分析

（1）"袁隆平"品牌效应

袁隆平农业高科技股份有限公司以袁隆平的名字命名，这既增加了社会对公司的信任度，又增加了公司的影响力。在国外，袁隆平的杂交水稻技术被认为是中国的第五大发明。根据湖南省评估机构的评估结果，"袁隆平"品牌价值高达109.8亿元。这个无与伦比的品牌不但奠定了袁隆平农业高科技股份有限公司在当今种子产业中的地位，而且是赢得未来市场竞争的利器。

（2）强大的科研能力

袁隆平农业高科技股份有限公司拥有一支由袁隆平为代表的技术领先的农业科研队伍，在水稻研究和育种方面具有绝对的世界领先优势，2002年还建立了博士后研究工作站。袁隆平农业高科技股份有限公司每年投入3 000多万元进行产品研发，每年新增30多个项目。2005年底，袁隆平农业高科技股份有限公司技术支持部门和公司第二大股东——国家杂交水稻技术中心（2005是这个名字）已达成协议，共同建立项目中心，这表明袁隆平农业高科技股份有限公司拥有最具竞争力的科研和创新主题。

（3）优良的种业资源

袁隆平农业高科技股份有限公司凭借雄厚的科研实力，开发出一系列优质产品。根据全国农业技术推广服务中心统计显示，高新技术公司已开发出一系列优质杂交水稻品种，其中中国"Y两优1号"和"神两优5814"在杂交水稻推广领域处于领先地位。在玉米种子领域，目前袁隆平农业高科技股份有限公司的主要品种是"隆平206"。2013年，"隆平206"占地面积已达1 297万亩（约为8646.67平方千米），成为中国最大的杂交玉米种子之一。另外，"隆平208""隆平211"和"隆平243"是该公司的储备品种，它们在扩大公司玉米种子业务方面发挥了关键作用。

（4）未来战略

完善国际发展战略，启动未来国际市场战略布局；主要经营种业资产，将种子产业内部资源进行整合，使各方面协调发展；加强科技研究。

4.4.5　绿色新型化工农业生态发展模式

下面选取鲁西化工集团股份有限公司对绿色新型化工农业生态发展模式进行分析。

1. 企业概况与行业地位

多年来，鲁西化工集团股份有限公司坚持"打造鲁西品牌，做百年经营"的经营理念，坚持"奉献、专业、勤奋，严谨"的企业精神，秉持独特的企业文化，逐渐走向强大。其始终遵循"优化库存，增加效益"的原则，在化肥总量不降低的先决条件下不断提高质量和增加有效投入，强调高附加值的精细化工，在制药方面发展化学工业、生物化学，坚定不移地创建一体化绿色经济基地。数年中，公司获得了包括创新示范企业在内的多项省级奖项。

2. 商业模式

鲁西化工集团股份有限公司主要生产和销售化肥、化工原料和产品，从事化工设备的设计、生产工作，以及提供安全进出口资格证书框架内的进出口服务、技术咨询和工业服务。公司目前已有几个工业循环，如煤化学、化学盐氟硅酮和化学新材料，主要产品有己内酰胺、多元醇、聚碳酸酯、甲酸、甲烷氯化物、氯化石蜡、苄基氯、有机硅、尿素、复合肥等，应用范围广泛。

3. 核心竞争力与未来战略分析

（1）核心优势

园区优势在于化工新材料产业园区一体化、集约化、智能化功能突出，集研发、设计、制造、安装、运行、管理于一体；生产厂有很大的相关性，公司拥有先进的技术、高自动化程度和可靠的运输流程，且人力资源消耗低、成本低，煤化学、盐化学、氟硅业、化工新材料生产线更加完整；智能园区化管理，项目通过实时数据整合到信息管理平台，园区内建有水电综合体、天然气、水处理等公共资源，对控制生产成本、节能降耗、安全环保、综合利用资源具有很大的优势。

（2）发展前景与规划

该公司项目于 2015 年 8 月 5 日整合到惠辰公园，并发表声明，其项目的建设以符合城市的总体发展规划为标准，放弃落后产能，提升工厂安全度，减少能源损失，为城市生态用水建设做出贡献，同时在重建过程中创造发展条件，实现生产能力的更新，优化产业结构，使园区整合和集约化的优势得到充分体现。企业借助高新技术促进传统产业的转型，从而提高了核心竞争力。

4.5 小 结

从对我国农业现状及对生态农业转型路径的研究可以发现，"零"排放是未来生态农业的主要方向，通过现代科学技术充分利用农业生产过程中产生的废弃物，进行循环利用，达到"以农养农"的发展目标，以"春泥护花"的方式进行农业的可持续发展。

（1）加大科技投入，大力研发生态农业新技术，满足生态农业的转型需要

除了创新科技外，还要对现有技术加以改进、融合和推广利用，积极吸纳与农业生态相关联的配套技术成果，鼓励农户学习新技术，学会运用现代科技手段实现农业生态转型，充分发挥科技在生态农业转型中第一生产力的作用。此外，还要注重技术利用的效果，及时总结经验，切实提升科技投入的经济效益。

（2）拓展融资渠道，搭建合作平台，构建有效的资金保障体系

政府部门需要加强对生态农业的重视，加大对生态农业的政策与资金支持力度，引导社会、企业等各领域资金投资生态农业，鼓励农户合理利用外部资金投资生态农业。综合运用多种融资渠道不仅可以克服发展生态农业进程中的资金难题，还能搭建合作平台，促进生态农业规划、技术推广、技能培训等方面的交流与合作，打造生态农业的产业生态链。

（3）颁布生态农业鼓励性政策，激发农民主体热情

发展生态农业离不开农民这一主要群体，需要持续激发农民参与生态农业的主动性和积极性。首先，鼓励农民发展生态农业要立法先行。制定、颁布与生态农业相适应的法律法规，设计并落实针对性的减税免税政策，发布鼓励发展生态农业的实施举措与指导意见，注重相关配套性法律与政策在执行中的实际效力，切实落实相关的政策、法规，更有效地为生态农业发展服务。构建生态农业发展补偿机制，对在农业生产中因开展生态环境保护而导致收入减少的农户进行补偿，并向那些在生态农业发展中贡献突出的集体或个人加强物质奖励和政策倾斜，对破坏生态环境的集体或个人进行严厉的处罚。政府部门还要帮助搭建和拓展生态农产品交易市场与销售渠道，促进生态农产品的销售，保障农民的利益。鼓励农民将绿色农业、生态环境与经济收入统筹兼顾，推进农业实现生态化、现代化、产业化发展。

（4）创新生态农业经营模式，建立完善的产业体系

在生态农业发展进程中，需要加强生态农业经营模式创新，促使生态农业衍生出多样的产业类型、多类型的经营业态和多层次的经济结构，加强"农—林—渔""种—养—加""贸—工—商"的有机结合，构建生态化的农业、工业、服务业的高效衔接，形成"产—加—销"一体化的生态农业产业体系，从而推动我国生态农业走上标准化、规范化、市场化和规模化的科学发展之路，发展并创新具有中国特色的现代农业模式。

生态农业是面向未来的农业，进行可持续发展是必经之路，必须从战略上高度重视。只有通过政府政策的大力鼓励、资金的保障、技术的支持和农民的积极参与，多方面相互协同，孕育生态农业新型产业模式和完善产业链，才能推进中国生态农业的健康持续发展。

第 5 章　生态工业发展模式创新

一直以来，人们都在不断探索、尝试如何与自然和谐相处。人类与自然是生命共同体，生态环境问题与人们息息相关。人们在生产生活中对自然的种种伤害终会以某种形式伤及人们自身。因此，人类必须尊重自然，根据自然的发展规律，建立良好的生态文明环境。现如今，我国作为世界工业大国，其全面协调发展工业系统与生态环境的战略具有重大意义。"十五"规划以来，我国对经济结构的重视程度在逐年上升。国家希望通过大力发展以生态化为核心理念、以工业为主导的特色经济模式，力求从源头解决目前最为紧要的结构性污染的难题，为生态文明建设提供强大助力。同时，为了经济的稳步增长，也为了保护自然资源，需要大力发展生态工业，以模式创新的方式促进工业的发展。因此，发展生态工业及不断创新生态工业的发展模式是我国工业发展的必然选择。

相对于传统工业来说，生态工业是一种创新的发展模式。它在发展时追求的目标并不是单纯的经济利益，同时考虑自然的利益和社会的利益。在资源的使用方式方面，生态工业追求的是自然资源的节约与重复利用。在产业结构与产业布局方面，生态工业以生态化为核心，以工业化为主导。在发展过程中，生态工业一方面注重工业效率的提高，另一方面要抓生态工业的发展，两者并重，缺一不可。若要提升传统工业，人们则需要根据现阶段的能力与下阶段的发展目标，推行创新体制和发展创新科技，运用先进的科学技术对旧的、落后的工艺和设备加以筛选并淘汰或者彻底改造，使之成为顺应时代发展要求的先进的工业系统的组成部分。总而言之，人们只有将经过筛选、淘汰或彻底改造过的传统工业与全新的生态工业相结合，以生态化为发展理念，才能把生态化特色经济真正发展起来。

值得一提的是，现阶段人们对生态化特色经济中工业的概念定义为以发展生态化为特征的工业，其目的是让工业走上无污染、清洁化道路。传承生态文化资源、建设中华民族自己的文化产业对发展以生态化为核心理念、以工业为主导的特色经济具有颇为重要而深刻的意义。

在研究过程中我们发现，在明确生态工业范畴的基础上，在了解国内外工业资源不断匮乏、生态环境逐步恶化的背景下，需要且能够做的是，从现阶段生态工业发展模式创新入手，深入分析我国现有企业在该行业的发展模式的创新之处，本章将具体结合几具有行业代表性的沪深上市公司的案例，纵观整个生态工业行业发展的全局。通过分析判断案例中上市企业的概况介绍、行业地位与商业模式，结合其核心竞争力和未来在生态领域的战略布局规划（投资方向），从而见微知著，挖掘、摸索适合我国生态工业的创新发展模式、未来战略以及其他发展情况，深入探讨在生态文明建设新阶段，我国以创新驱动发展生态工业的重大意义与作用，从而使工业资源得到有效的配置利用、生态环境得到可持续发展等。

5.1　生态工业研究概述

5.1.1　生态工业的概念及特点

生态工业是以生态学和经济学相关原理为基础，以节省资源，减少生产过程中的废气、废物、废料排放并利用废弃物的剩余价值为目的，借助现代科技，运用自然法则和系统工程的要领进行生产、运作和监督的新型的工业运作方式。生态工业宏观上可以协调生态、经济和工业技术的关系，在微观上可以达到多层次利用工业生产资源的剩余价值的目的。

生态工业有以下优点：一是它在注重经济效益的同时关注生态效益，在战略的角度上，重视环境的生态保护和资源的重复利用；二是生态工业系统不是封闭的，其中的人力、物力、信息和能量等各种资源在系统中不断流转，产生附加价值，这是一个互动的、非静态的、有机的过程；三是生态工业遵循"原料—产品—废料—原料"的模式，合理利用废物，实现资源的最大化利用；四是工业产品的流通控制更为严格。

5.1.2　生态工业园的发展模式

生态工业的发展模式主要聚集在生态工业园。生态工业园的发展模式主要为生态工业示范园的模式。生态工业示范园区分为以下三类：一是依据原有的高精尖技术产业开发区而变换升级的综合了不同领域企业的生态工业园区；二是同类企业基于物质与能量的联系形成相辅相成关系的行业类生态工业园区；三是资源再生利用企业建立的静脉产业生态工业园区，政府对此类生态工业园区出台了相

应规定，并在不断完善中。[130-131]

田金平等[132]认为，生态工业园的发展是由政府、市场和企业推动的。在实践中，生态工业园可以分为企业、产业集群、园区和社会四个层次。在企业层面，企业革新科技，完善环境治理，提升产品生产效率和资源利用率；在产业集群层面，由供应链中的核心企业带动其他节点企业，形成产业链网；在园区层面，完善基础设施，加强源头控制。

5.1.3　生态工业发展面临的问题与挑战

我国在生态工业发展的过程中由于受到多因素的影响，其发展还是存在一些障碍和挑战的。

田金平等还认为，我国生态工业园区仍处于探索阶段，仍须努力降低能源消耗和减少排放，加强园区的精细化管理。现存问题是中国工业园区因其大环境独特，相关的基础理论和方法仍未形成。

闫二旺、田越[133]认为，我国生态工业的发展受到生态理念不强、技术支撑不力、资金短缺、法律规制不严、管理经验不足等因素的制约。

因此，若要发展生态工业则需要克服这些因素。

5.1.4　生态工业的未来发展趋势

闫二旺、田越还认为，一要分类优化生态产业链，要求各工业园区要明确自身定位，确立主导产业和关联产业，全面设计生态产业链条，引进功能强的产业或企业，完善生态产业链；二要让市场和政府进行双重调节，政府作为推动者和管理者，发挥宏观调控功能，而企业作为市场的主体，需要调动企业清洁生产、产业共生的积极性，只有两者结合才有利于生态工业园区的发展；三要实现生态工业相关技术的革新，提高相关技术的经济协调性，加快生态技术的推广和产业化；四要建立环境成本内生化机制，通过制度约束和道德约束帮助企业化被动为主动，积极控制环境成本。

张平[134]认为我国生态工业园的发展趋势是循环化、环保化、信息化、效益化、法制化、人文化、品牌化、国际化、城乡一体化和多元化。

5.2　我国发展生态工业的背景

本专著提及的生态工业指的是依据生态经济学的原理，以低耗节能、清洁化、低污染的生产和废弃物料的循环利用等为特征，以现代化先进的科学技术为主要保障和依托，实现工业生产、加工过程中的生态化模式。

5.2.1 外国生态工业发展状况

在生态工业发展过程中存在着理论的支撑，即工业生态学。目前，工业生态学已成为一个热门的研究领域。工业生态学现在也越来越被国内外各级政府、高校、各类型的科研单位所重视，是他们现有研究工作的一个重点。

"工业生态学"一词来自通用汽车公司（GM）的研究人员于1989年在《科学美国人》发表的一篇文章中。此后，美国的著名高校（包括麻省理工、耶鲁大学、康奈尔大学）快速开展了一系列与生态工业相关的研究。除高校外，以美国为代表的市政当局也不甘落后，他们通过多种方式推进生态工业的发展，其中主要的措施包括召开生态工业会议和资助相关的课题研究等。

目前，除理论研究外，生态工业园区的规划及建设也早已在各国展开。丹麦从20世纪七八十年代就已经建设生态工业园区，且运行效果良好。美国生态工业园区的建设一直走在世界前列。美国从20世纪90年代开始规划生态工业的发展，到目前为止已建设了20多个示范性的工业生态园，资助了较多的生态工业规划项目。其他亚欧等各大洲的发达国家也紧随其后，积极开展相关的项目，目前一些发展中国家也纷纷开展了相关规划建设。[135]

5.2.2 我国资源短缺、环境污染现状

现代化的发展离不开工业的发展。工业的繁荣给社会带来了很多效益，给人类带来了巨额财富。然而，随之而来的是资源短缺、能源匮乏、环境污染等一系列全球性的生态问题。

在全球生态恶化的背景下，我国在经济发展中还存在着其他的不利因素，如人口众多、经济发展时间较长等。因此，如果我国要全面推进工业化、信息化进程，相对于其他发达国家需要面临更多的、更严峻的挑战。

虽然我国是资源大国，但是由于人口数量位居世界第一，因此人均自然资源占有率极低。我国资源种类虽然多，但是由于自然资源分布不均衡，多数资源处于经济比较落后的山区，道路通行不便，给资源开发带来了极大的困难，使资源难以得到有效利用。另外，在已有的资源中既有可再生的，又有不可再生的。若不能有良好的资源使用规划，将造成严重的资源浪费。

我国在能源储备量问题上，与资源情况相似，储备总量虽位于世界的前列，

但存在人口储备量低、能源分布不平衡、与经济发展中产生的供需不匹配等问题，因此面临的形势也是非常严峻的，需要开发新能源满足日益增长的能源消耗。

改革开放后，我国的工业虽得到了一定发展，但仍处于起步阶段。在工业的长期发展过程中，我国由于技术水平不高，因此工业发展模式一直走的是粗放型的高能耗模式。随着 GDP 总量的不断上升，我国也逐渐进入环境高压阶段。工业的快速发展造成了自然资源（如淡水资源、大气等）的严重污染。根据我国水利部门的检测，我国大部分淡水资源受到了不同程度的污染。在我国七大淡水水系中只有珠江、长江的水质较为良好，辽河、海河最为严重。造成污染的主要原因有三个：一是工业污染，这是最为严重的污染，就算是经过污水处理也只能达到五类水；二是城市生活污水，在处理时需要较长的时间；三是面源污染，即农田使用化肥、农药等问题产生的污染。这些污染造成我国淡水长期存在富营养化的问题，对人们身体健康造成较大威胁。

现阶段，由于城镇化进程的加快，人口布局发生了较大变化，农村人口往城市转移。同时，一些高污染的行业企业从城市往农村迁移，造成了大面积的耕地污染，耕地面积急剧下降，其中主要表现为重金属、废水等污染。

全球性大气污染问题愈加严重，而中国大气污染状况也不容乐观。近年来，华北地区不断出现雾霾天气，使大气污染问题逐渐引起社会大众的关注，政府对节能减排的政策相继出台。在我国大气污染源中排在首位的是工业废气，其次才是汽车尾气等其他污染源。

5.2.3 我国生态工业发展情况

近年来，我国生态工业逐步得到重视，有了较好的发展。1999 年，清华大学在国家和政府的帮助下开展了关于生态工业方面的研究。2001 年，生态工业研究中心在清华大学成立。这表明我国的生态工业化研究机构正式成立。该机构的成立对我国生态工业的发展有极大的推进作用。

自 2001 年以来，广西、内蒙古、山东等地先后被设为生态工业园区的试点。到 2003 年，我国正式开始了国家级层面的生态工业园区的建设。

国家在政策方面也非常支持生态工业的发展，采取各种措施促进生态工业的发展。原国家环保总局联合了商务部、科技部于 2007 年 4 月发布了《关于开展国家生态工业示范园区建设工作的通知》。该通知的发布说明了我国对生态工业极大的重视，也说明了我国生态工业建设进入了一个新的阶段。据统计，从 2007 年开展国家生态工业示范园区建设以来，到 2019 年年初为止，已有 93 个各类园区

开展了国家生态工业示范园区创建工作，已有 55 个园区通过国家生态工业示范园区创建。❶

5.2.4　我国企业的环保意识不断提升

自加入 WTO 起，中国在国际社会上的地位越来越高，同时承担的责任越来越重。在环境问题日趋严重的今天，我国企业更需要做好模范带头作用，在环境问题上严格要求自己。同时，国内企业要借助国际力量，学习其他国家更先进的技术方法，借鉴他们成功的经验。

自"十一五"规划以来，国家对环境问题越来越重视，同时伴随着节能减排政策的有效实施，企业逐渐意识到想要得到长足稳定的发展就必须要处理好环境污染问题，加强环保意识，落实环保行动。国务院于 2018 年 7 月份印发了《打赢蓝天保卫战三年行动计划》，积极部署了污染的防治工作。在这样的大环境下，生态工业示范园区的建设工作也有了广泛的基础，企业改善环境的行为也因此有了更强有力的动力和压力。

5.2.5　我国发展生态工业的意义

以前，我国工业的发展是以牺牲环境为代价的，生态工业概念的出现使人们开始意识到环境问题的重要性。因此，生态工业促使企业由单纯地追求利润转变为在追求利润的同时注重生态问题。相对于传统工业，生态工业将更加注重资源的重复利用，将更加重视污染物、废弃物的回收与利用。生态工业要求企业在考虑经济增长的同时考虑环境问题，要求企业决策者把环境保护作为决策中一项必不可少的要素。

如今，我国处于全面建设小康社会的重要时期，其中环境质量问题也是一项重要指标。生态工业的发展对社会有着巨大的意义，它是有效治理我国环境污染问题的重要保障，是企业长足发展的必经之路，也是提高国际竞争力的重要手段，阻止或减少废气物的排放及降低能源的浪费和消耗都需要依靠生态工业。只有发展生态工业，人们才能兼顾生态和经济的共同发展。

---

❶ 数据来源于中华人民共和国生态环境部。

5.3 生态工业产业发展模式创新

5.3.1 我国生态工业发展概况

从生态工业开展以来，我国各级政府一直在推动生态工业的发展。规划建设生态工业园是生态工业化的一项重要工作。截至"十一五"期末，我国正在规划建设的国家生态工业示范园区已达到 39 个，其中包括 12 个已经通过验收的。目前，广西贵港、山东鲁北、广东南海、浙江衢州、湖南长沙、内蒙古包头、新疆石河子、贵州贵阳等地都已逐步进行这一工作，但大多仍处于原地规划和建设阶段，并没有广泛实施，较为成功的是广西贵港国家生态工业示范园区和山东鲁北生态工业园区。[136]

截至 2017 年年初，我国已组织专家论证通过了 48 个国家生态工业示范园区的建设规划，分布的省份如表 5.1 和图 5.1 所示。

表5.1 国家生态工业示范园区在各省份的分布❶

序　号	省（自治区、直辖市）	示范区个数	序　号	省（自治区、直辖市）	示范区个数
1	北京	1	18	湖南	1
2	天津	2	19	广东	1
3	河北	0	20	广西	0
4	山西	0	21	海南	0
5	内蒙古	0	22	重庆	0
6	辽宁	1	23	四川	0
7	吉林	1	24	贵州	0
8	黑龙江	0	25	云南	0
9	上海	7	26	西藏	0
10	江苏	21	27	陕西	0

---

❶ 数据来源于中华人民共和国生态环境部。

序　号	省（自治区、直辖市）	示范区个数	序　号	省（自治区、直辖市）	示范区个数
11	浙江	4	28	甘肃	0
12	安徽	1	29	青海	0
13	福建	1	30	宁夏	0
14	江西	0	31	新疆	0
15	山东	6	32	台湾	0
16	河南	1	33	香港特区	0
17	湖北	0	34	澳门特区	0

图 5.1 是生态工业在全国范围内的示范园区建设分布示意图，可以发现我国东部较为密集，其中尤以沿海地区的江苏（21 个）、山东（6 个）、上海（7 个）、浙江（4 个）等地区为最。

有 45 个开发区正在筹建国家生态工业园，如表 5.2、图 5.2 所示，表明了我国生态工业示范园区的工作正在逐步推进中。

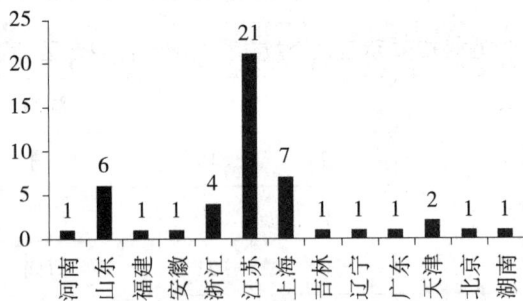

图 5.1　国家生态工业示范园区建设分布示意图

表5.2　国家生态工业示范园区在各地区的分布❶

序　号	省（自治区、直辖市）	示范区个数	序　号	省（自治区、直辖市）	示范区个数
1	北京	0	18	湖南	2

❶ 数据来源于中华人民共和国生态环境部。

序　号	省（自治区、直辖市）	示范区个数	序　号	省（自治区、直辖市）	示范区个数
2	天津	1	19	广东	4
3	河北	2	20	广西	1
4	山西	1	21	海南	0
5	内蒙古	2	22	重庆	0
6	辽宁	1	23	四川	1
7	吉林	1	24	贵州	1
8	黑龙江	0	25	云南	1
9	上海	2	26	西藏	0
10	江苏	8	27	陕西	1
11	浙江	4	28	甘肃	0
12	安徽	2	29	青海	0
13	福建	0	30	宁夏	0
14	江西	3	31	新疆	1
15	山东	5	32	台湾	0
16	河南	0	33	香港特区	0
17	湖北	1	34	澳门特区	0

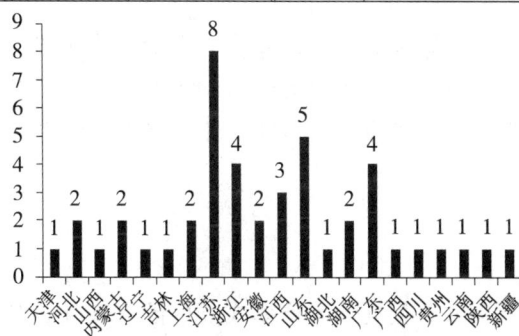

图 5.2　我国筹建中的生态工业园区分布图

同样，东部筹建的生态工业园区较为密集，集中在江苏（8 个）、山东（5

个）、浙江（4个）、广东（4个）等经济较发达的地区。与已建设的生态工业园区相比，筹建的生态工业园区分布较广，中西部省份也有涉及。

5.3.2　我国生态工业的转型升级路径探索

1. 培养工业生态发展的意识

就目前而言，要想实现生态工业的转型升级，促进工业的可持续发展，首要任务是实现观念的创新和转变。在工业生产中常常会以全局的损失换取局部的利益，存在先发展经济后保护环境的思维，这正是导致环境污染的重要思想根源。因此，实现生态化的工业必须转变现存观念中的不合理成分，改变传统观念中对环境的固有看法，树立对环境正确而进步的伦理观，最终形成崭新的产业生态学与可持续发展并存的伦理观。

一般来说，环境管理主要是通过政府和市场两方面共同实施与调控，把环保水平控制在最优状态，以期望达到环境资源配置最优，达到社会效益最优。工业生态学中的环境管理不仅是靠政府和市场两方面，还要将社会融入管理中，体现社会、企业、政府"三维一体"的局面，使三者都能各司其职，以达到环境资源最优化的目的。其中，市场的作用主要是解决资源的最优化配置问题，政府的作用主要是解决市场失灵问题，相关手段有公众参与、制定规划、提出决策、兼顾公平与效率等。

政府则需要在企业实施工业生态化时，做好辅助的措施。比如，做好相应的财税政策的支持或实施绿色信贷支持工业生态化。总的来说，就是利用各种经济政策手段引导工业企业走向生态化。

只有通过以上方法，工业企业才能真正从思想上认识到生态文明建设、生态工业建设的重要性，将原来环境建设的被动性转为自觉性与主动性，从而促使工业企业积极地进行生态文明建设，从被动的环境保护中脱离出来，转为主动的环境保护。

2. 改变生产模式

改变现有对自然资源有损耗的生产模式，尽量采取清洁生产。而清洁生产的主要含义是在生产过程中的各个环节采取预防性的环境策略，以最大限度地减少其对人类及环境的危害。相对于传统模式来说，清洁生产从原料和能源上入手，尽可能不选取有害的原料和会产生大量排放物的能源。

在废弃物排到自然环境之前就做好资源净化与处理工作，减少它们对环境的伤害。清洁生产是生态工业转型升级的必经之路。从清洁生产的定义可知，其实质是一种"生态友好化"或"绿色环保化"的工业生产模式，是生态工业实现的具体目标和方向。同时，清洁生产需要建立在环境监督的前提下，把重点放在控制新污染源和有毒化学品等的监督上，建立健全环境评价机制。

3. 实施绿色管理

绿色管理是一种新型的现代管理理念，即在工业企业的经营管理中融入生态化的理念，使生产经营管理与生态化紧密结合，形成工业经济与绿色生态协同发展的工业企业管理模式。绿色管理的本质要求是，工业经济系统应严格按照以生态化为理念的经济规律运行发展，工业经营管理活动应遵循市场经济的基本规律和生态规律的要求，由以效益最大化原则为主向可持续发展战略为主转变，并自觉地不断协调工业经济活动与环境的关系，使两者和谐共存。通过调整工业产业结构实现绿色管理，将生态工业部门划分为构成一条工业生态链的三大部分，即资源生产、加工生产和还原生产部门，资源在其中循环流动。通过合理处理各资源之间的关系，使工业生产、工业技术、生态环境多方面和谐发展。

4. 建设生态工业园区

生态工业园区的建立就是以传统的工业园区为毛坯，建立一个经济系统，以工业发展为主导、以生态化理念为特征。该系统应以自然生态系统为参考模型，建立企业之间和谐共生的关系，使资源利用达到最大化，负面环境影响降到最小化，创造工业运作与环境保护有机结合的生产新模式，从而实现可持续发展的共同目标。专家认为，生态工业园区兼顾资源节约和环境保护的优点，是能够解决工业环境问题的最有效的途径。

按照我国当前的发展，需要不断加大生态工业园区的建设规模，争取让更多的生态工业示范园区得到正式批复。国家下达的园区指标方向要正确，并采取相应的手段以防盲目跟风的现象在地方发生，避免在生态工业园建设的初期，因为对规划和认识的不到位及对后期运营管理经验的缺乏，导致生态工业园"形同虚设"，无法达到预期效果，甚至还使环境污染趋于严重。这违背了建设生态工业园区的初衷。若想要生态工业得到有效落实、顺利发展，离不开对工业的大力监督和对环境的实时监测，因此我国必须要建立健全环境监督机制，通过记录信息并整理分析系统数据及时发现生态工业园规划中产生的问题，做到资源的持续利用，并使环境不断得到改善。

5.3.3　我国生态工业发展模式创新

我国生态工业的发展主要以规划建立生态工业园区的方式展开。在我国，工业化是与城镇化同时进行的，因此在推进生态园区建设时除了企业和市场之外，政府也参与其中。从 2007 年开始，政府就开始不断加强在园区规划建设中的领导作用，并制定相应的政策推进企业发展生态工业园区的建设。企业无疑是生态工业园区理念最好的践行者，而实践需要加强企业和产业间的联系，如物质循环利用、能量梯级利用等。前文所述的关于生态工业园区的理念其实是对生态工业经济能够协调健康发展的美好愿景。在规划建设过程中，涉及的生态资源重复循环利用过程还是应该以市场为主要的经济调节手段，兼顾社会效益和经济效益，并不断激励企业加入规划建设的队伍中。

除了政府领导外，在发展生态工业时，还可以在工业园区内部引入行业核心企业，由核心企业带动小企业共同发展，形成产业群。产业群对发展生态工业建设具有重要的带动和提升作用，特别是大型企业的引入往往会带动同一供应链上的上游企业、下游企业的进入。除此之外，加强生态工业园区的基础设施不是把工业园区当成一个工业聚集区，而是当成一个整体来看，逐渐形成生态工业新区。工业在发展的过程中可以逐渐改变自己的生产方向，转而发展环保产业，这对实现生态工业的发展目标、经济社会可持续发展具有重要的推动作用。

5.4　生态工业发展模式企业案例分析

5.4.1　传统制造业生态工业发展模式

1. 企业案例介绍

五粮液集团有限公司（以下简称"五粮液集团"）位于四川宜宾，是世界著名的特大型酒业集团公司。目前，五粮液集团的品牌价值已近千亿，连续 23 年稳居中国品牌价值百强评价中白酒制造类的首位。目前，其股票价值在我国品牌企业中处于遥遥领先的位置，在酒类企业中暂列第二，总价值超过两千亿元，发展势头良好。

2. 商业模式分析

五粮液集团已发展成为以酒业为主导，相关产业多元化发展（包括现代工业制造、现代物流等）的产业格局。该公司先后建立了七大营销中心，设立品牌管理事务部和五大主要品牌酒的独立核算销售公司，积极推进其品牌多元化发展，实现市场运作独立化，其主营业务构成如图 5.3 所示。

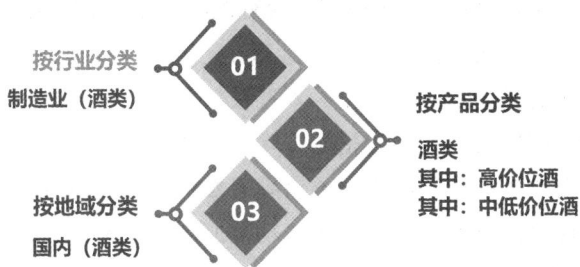

按行业分类
制造业（酒类）
01

02
按产品分类
酒类
其中：高价位酒
其中：中低价位酒

按地域分类
国内（酒类）
03

图 5.3　主营业务构成

3. 核心竞争力分析

在核心竞争力方面，公司有着得天独厚的优势。

第一，该公司质量管理严密健全。在多年来的发展过程中，五粮液集团一直把企业产品质量放在重要位置，重视企业的诚信建设，坚持"以质量求生存、谋发展"的原则理念，不断强化质检力度，保持公司信誉。

第二，该公司产品品质得天独厚。五粮液集团位于四川宜宾，处于"中国白酒金三角"的核心地带，拥有得天独厚的自然生态环境，同时传承了上古酿酒技艺，即国家非遗项目——五粮液酒传统酿造技艺。

第三，该公司品牌力量独冠市场。五粮液集团曾获得"亚洲品牌 500 强""影响中国品牌 50 强"、米兰世博会"百年世博、百年金奖"等诸多殊荣。

第四，该公司精耕细作，实现顺价销售。近年来，五粮液集团通过采取综合性、战略性的配套措施，不断提升五粮液的竞争力和品牌影响力，实现了核心产品的全年价格与销量的稳步上升，其系列产品的销量与销售额也呈同步上升趋势。

4. 未来战略规划

在未来战略方面，该公司也有详细规划，致力推进五粮液集团在浓香型白酒固态发酵微生物资源研究及应用、浓香型白酒固态发酵废弃物资源化利用、浓香型白酒固态发酵功能风味物质研究及应用等方面的研发工作，起到行业的引领作用与示范作用，提高产品的优质品率，提高对固、液废弃物资源化利用率，加强对原料农残的监测把关，保障食品安全。

5. 生态环保技术

五粮液集团的生态环保技术主要是资源循环利用——固态发酵研发。固态发酵生产过程会产生大量废渣（未被利用的有机碳、氮和发酵菌体）。目前，国内外对这些废渣的主要利用方式包括直接加工成建筑材料、化工原料或饲料，生产食药用菌，培养功能微生物肥料，等等。五粮液集团结合国内外研究现状、发展趋势和实验室所处的区位，利用包括生物学、环境学、工程学、农业工程技术、动物营养科学在内的多种技术手段，开展固态发酵废弃物资源化利用新技术研究和紧密结合地方社会经济发展的技术（如功能肥料、饲料、食用菌）研究，重点开展白酒和发酵调味品废渣资源化利用研究。

6. 案例小结

五粮液集团作为我国著名的白酒制造商，传承其经典手艺，为响应国家生态文明建设，力求在传统的产品制造过程中突破工艺的高污染与低效率等问题，坚持将保护环境、节能节源等绿色生态理念融入传统酒业制造中。

5.4.2 重工业走向生态化工业发展模式

1. 企业案例分析

中国石油化工集团有限公司（以下简称"中石化"）是我国知名的石油石化化工集团。目前，中石化已经是世界第一大炼油公司和第一大化工公司，加油站总数位居世界第二，在 2015 年《财富》全球 500 强企业中排名第二。

2. 商业模式分析

中国石油化工集团有限公司的主营业务以石油贸易、石油开发与化工等为核心展开，多方位开发经营（包括油气勘探开发、炼油生产与经营、化工生产与经营、产品营销与服务、国际化经营、石油工程技术服务）。公司除了在分支机构中设立了全资、控股、参股子公司，油田、炼化、石油分公司，研究院，专业公司及其他单位外，还积极开展中国企业史上最大的环保行动——"碧水蓝天"行动。中石化近三年可持续发展投入如表 5.3 所示。

表5.3　中石化近三年可持续发展投入❶

年　份	投入资金（亿元）	同比增长 %
2019	1 363	16.5
2018	1 170	6.2
2017	1 102	/

3. 核心竞争力分析

该公司的核心竞争力表现为以下几个方面：

第一，该公司整体规模实力强。中石化是集能源化工产业上中下游于一体的大型企业，整体规模实力较强，是我国大型油气生产商、最大的成品油供应商，其炼油和乙烯生产能力在我国排第一位，在国内拥有较为完善的成品油销售和化工产品营销网络。

第二，该公司业务结构一体化。中石化的业务结构呈一体化，各板块之间协同效应较强，能持续挖掘资源的利用深度、提高资源的综合利用效率，使其抗风险能力和持续盈利能力保持较高水平。

第三，该公司拥有区位优势，营销能力强。中石化拥有贴近市场的区位优势。随着我国国民经济水平不断提高，该公司的成品油和化工产品经销量也呈逐年增长的趋势；该公司不断深化营销专业化、经营国际化程度，使其市场开拓能力不断增强。

第四，该公司具有专业的人才队伍，经营管理精细。中石化拥有一批涵盖石油供销链各环节的专业化人才队伍；该公司在生产经营中注重精细管理，使其下游业务经营成本优势明显。

第五，该公司科技体制机制完善，技术实力达到世界先进水平。中石化目前已形成了较为完善和先进的科技体制，其科研团队实力雄厚。目前，中石化已成功建立了四大技术平台（包括油气勘探开发、石油炼制、石油化工、战略新兴四方面），总体技术达世界先进水平，技术实力较强。

第六，公司积极履行社会责任，影响力强。中石化一直以来积极承担社会责任，不断响应国家相关政策号召，落实绿色低碳发展战略、可持续发展模式；其优质品牌形象具有很强的社会影响力，且在国民经济中占据重要地位。

---

❶ 数据来源于中国石油化工集团公司 2018 年、2017 年、2016 年年度报告——董事长致辞。

4. 未来战略规划

该公司在绿色低碳方面的未来发展有自身的战略规划。该公司在 2014 年启动了"能效倍增"的绿色低碳环保计划，该计划主要分为三个阶段，涉及多方面的领域和措施。计划按时间分成三个阶段，如表 5.4 所示。

表5.4　中石化能效倍增计划"三步走"❶

三阶段	能效提高目标（%）	累计节约标煤量（万吨）
2014—2015 年	20%	1 400
2015—2020 年	65%（基本上实现增产不增能）	3 200
2020—2025 年	100%	4 200

5. 案例小结

中石化是我国石油化工行业的巨头，该公司坚持走可持续发展道路，积极倡导并开展各项绿色低碳计划，践行生态文明建设。中石化在带领重工业走向生态化的经济发展道路上以身作则，不断创新技术，追求工业生产应用的绿色环保是其作为中央企业的社会责任与义务，也是近年来其对行业未来前景的前瞻性分析中对我国生态工业发展模式创新必要性、迫切性的肯定判断，具有重要意义。

5.4.3　环境治理工业发展模式

1. 企业案例介绍

浙江菲达环保科技有限公司（以下简称"菲达"）成立于 1969 年，是联合国开发计划署及各级政府支持的气体净化行业的领头羊，主要从事的是处理各种固体废弃物、水污染、大气污染、土壤污染等工作，是一家集研发、制造、运行、服务等于一体的大型环保企业。

2. 商业模式分析

关于大气方面的治理是公司的主营业务，也是公司收入的主要来源，此外菲

---

❶ 数据来源：中石化 2014 年 6 月 26 日宣布启动的"能效倍增"计划。

达也涉猎污泥、尾气及工业废水等的处理，公司产品主要用来处理燃煤产生的尾气。菲达环保不仅是中国燃煤电站超洁净排放的领头羊，还是全球除尘装备最大的供货商。

"营销＋设计＋制造"是公司最基本的运营模式，并根据市场需求合理确定产量。公司主要生产的产品为除尘器、垃圾焚烧尾气处理设备等，菲达独立完成从最开始的设计研发到生产制造及到最后的销售工作，产品的技术水平领先于国内相关行业。菲达公司业务体系如图 5.4 所示。

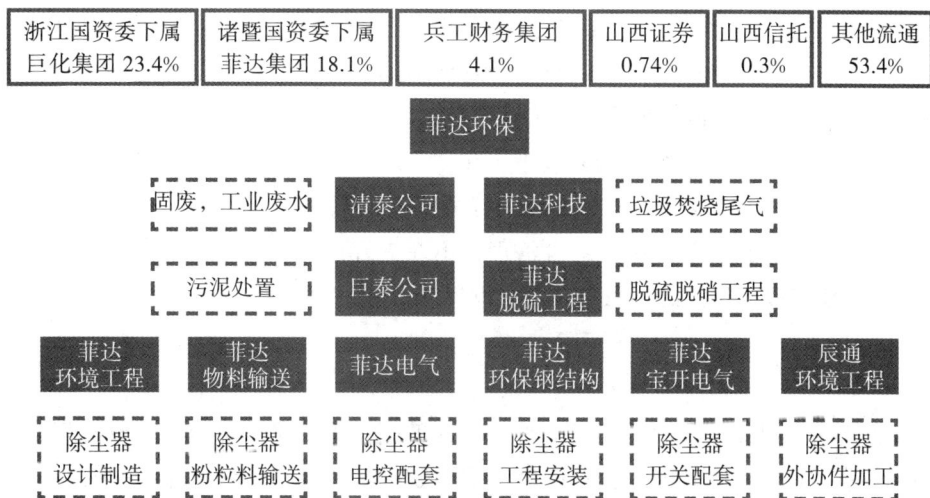

浙江国资委下属巨化集团23.4%	诸暨国资委下属菲达集团18.1%	兵工财务集团4.1%	山西证券0.74%	山西信托0.3%	其他流通53.4%

菲达环保

固废，工业废水	清泰公司	菲达科技	垃圾焚烧尾气
污泥处置	巨泰公司	菲达脱硫工程	脱硫脱硝工程

菲达环境工程	菲达物料输送	菲达电气	菲达环保钢结构	菲达宝开电气	辰通环境工程
除尘器设计制造	除尘器粉粒料输送	除尘器电控配套	除尘器工程安装	除尘器开关配套	除尘器外协件加工

图 5.4　菲达公司业务体系 ❶

3. 核心竞争力分析

菲达可以说是燃煤电站烟气净化行业"吃螃蟹"的人，有着国家级的各类研究中心和实验室。例如，有国家认定企业技术中心、国家级博士后科研工作站等，有着其他相关企业不可比拟的优势和科技力量。

第一，公司科技进步，在国际、国内同行业处于领先水平。2018 年，菲达在科技方面更是取得了显著的成就，取得各项专利并发表相关论文，带领企业向前迈进了一大步。现如今，公司已是高端的环保设备制造基地，制造方式更加信息化和智能化，产品的技术水平也已领先于国内相关行业，甚至在国际上也处于前列，其下属各制造基地也都能承接各跨国公司的订单。

第二，公司市场拓展能力极强。2018 年，菲达中标两项改造项目，有利于物

❶　图片来源：http://www.ltjztz.com/news/hyfx/2014/1016/141016161927IG3CF81E25J5951HGCB1.html.

料在输送业务上的突破，为企业提供了新的利润增长点。

第三，菲达还致力海外市场的拓展。菲达通过与海外企业的合作增加自己的出口贸易额。2018年，菲达环保企业的产品已经成功进入中东等市场。

4. 未来战略分析

现如今，国家正在大力推进产业结构调整，愈加重视环境保护问题。在这样的社会背景下，企业也面临着越来越多的挑战和机遇。在未来，菲达公司坚持"保护环境，造福人类"的宗旨，更重视推陈出新，勇于探索，不断提高自身的核心竞争力，保证在该行业中能一直处于发展前列。与此同时，公司充分利用金融平台，大力推进企业的转型升级，实现可持续发展。

同时，该公司积极响应国家政策。在"十三五"期间，该公司对接"一带一路"，在发展国内市场的同时兼顾国际市场，努力转型升级，将公司的业务从大气污染治理扩展到各类污染的综合治理，不断提升自己的国际影响力，将中国企业的负责任和敢于担当的形象呈现给全世界。

5. 案例小结

菲达注重科技研发，对自己要求严、标准高，正是这一系列的手段使其成为中国环保行业的龙头企业。公司积极响应国家政策，在致力环境保护的同时，以其创新的环保技术为其他企业的生产制造解决"后顾之忧"，引领相关企业的发展，以求共同进步。这对我国更好地落实环境治理政策及社会的可持续发展具有非常重要的意义。

5.4.4 资源循环工业发展模式

1. 企业案例分析

格林美股份有限公司（以下简称"格林美"）是一家从事资源循环再生的国家级高技术公司，于2001年成立，并于2010年1月在深圳证券交易所上市。

基于"资源有限和循环无限"的发展观，该公司以消除污染为己任，以实现企业环境、社会和谐统一发展为目标，大力推行循环产业文化，致力于再造产品的研究和实践。该公司再造的产品涉及电子废弃物、废旧电池等各类报废资源。

该公司为研究出报废资源的开采新模式，积极探索，勇于创新，并取得了较高的成就，不仅突破了废弃资源循环利用的关键技术，还申请了200多项相关专利，其中有70多项是国家和行业标准的核心技术。格林美也在全国各地建立了循环产业基地，投资已有 130 多亿元。该公司现已成为中国类似行业的领军企业，并被授予了多项国家级头衔。

2. 商业模式分析

到现在为止，格林美已建成了多个处理中心和制造中心，涉及的业务包括废旧电池回收与动力电池材料制造、电子废弃物及报废汽车回收的再生资源业务，且兼顾环境治理，如图 5.5 所示。

格林美打通上游及下游市场，实现"资源 + 技术 + 市场"的联合，在上游积极与国内外顶尖企业建立良好的长期伙伴关系，保证了资料的品质与来源；在下游通过提高公司的产品质量锚定优质顾客，以保证公司的资金来源。

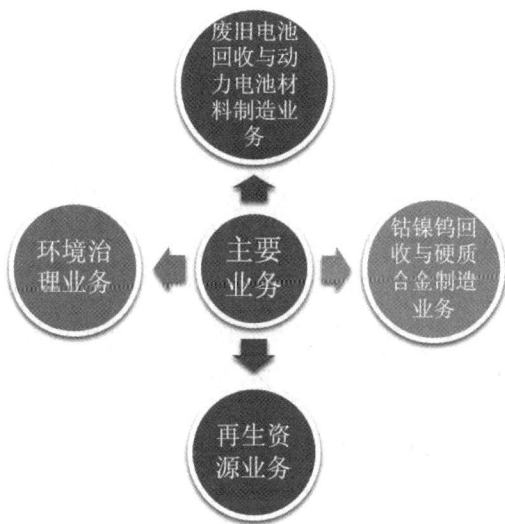

图 5.5　格林美公司主要涉及的业务

3. 核心竞争力分析

第一，该公司在全产业链布局，相比于同行企业有着绝对的优势。这基于多年来公司的稳扎稳打及企业领导者敏锐的头脑，在合适的时机快速布局下游，收购凯力克，实施完美布局。

第二，该公司在科技与人才上拥有极强的竞争力。此外，公司也非常重视产品的质量与研发工作，并为此投入大量的人力、物力，如先后在荆门和无锡建设了研究院，改进原有的管理模式和技术水平，并在全球范围内广纳贤士。这一系列措施帮助公司在技术上取得了巨大的突破。

第三，该公司在原料保障上也极具优势，特别是钴镍钨原材料。为了保障钴镍钨回收与硬质合金制造的业务，公司积极进行战略部署，先后与上百家相关企业签订回收处理协议，巩固和扩大了与国际企业的合作关系，保障了钴镍战略原料的供应。

4. 未来战略

2019 年，格林美聚焦公司的主营业务，发挥自身优势，继续带动公司的业绩稳步增长，并注重质量的提升，从管理、技术、装备等各方面入手，坚决走好质量工程这条艰难路。

在环境污染和全球气候变暖的形势如此严峻的情况下，未来的格林美也将大力发展绿色产业，响应国家政策号召，在实现企业长足发展的同时为国家的环保事业贡献出自己的最大力量。

5. 案例小结

格林美真正将"绿色""环保""制造"完美融合，成为业界标杆。公司积极创新，广纳人才，打造上下游市场一体化的模式，创造了丰盈的利润，也在循环、环保这条路上为其他企业提供了有效的参考路径。

作为一家循环经济企业，格林美的经营理念不仅符合当下低碳经济的热点，还符合人类可持续发展的目标，其开发的新能源电池市场前景广阔。城市矿山回收不仅为金属废物提供了一个好去处，还有助于不可再生金属的有效利用。

5.4.5 矿产开发利用新型工业发展模式

1. 企业案例介绍

青海金瑞矿业发展股份有限公司（以下简称"金瑞矿业"）是由八家发起人采取募集方式设立的股份有限公司，在全国相关行业中排名较为领先。公司涉及的主要是碳酸锶的生产制造业务（图 5.6），其发展较为成熟，规模稳定，工艺也较为先进，在全国相关行业内排名靠前。金瑞矿业的煤炭采选业务规模较大，但排名落后。

天青石
化验 → 粉 碎

白煤
化验 → 粉 碎

烟囱

化验

化验

料 仓

料 仓

碱液

脱硫塔

亚硫酸钠

皮带秤配料

磨 机

炉头媒
化验

静电除尘器

化验

旋窑 焙烧 → 烟气 → 燃烧室 → 余热锅炉

化验

浸 取

监测

脱 钡 → 化验 → 废水处理

液体
CO_2
贮罐

脱
硫
水

减压

化验

H_2S

硫黄 → 尾气
监测

碳 化

化验

化验

离心脱水

闪 蒸

风送包装

化验

入 库

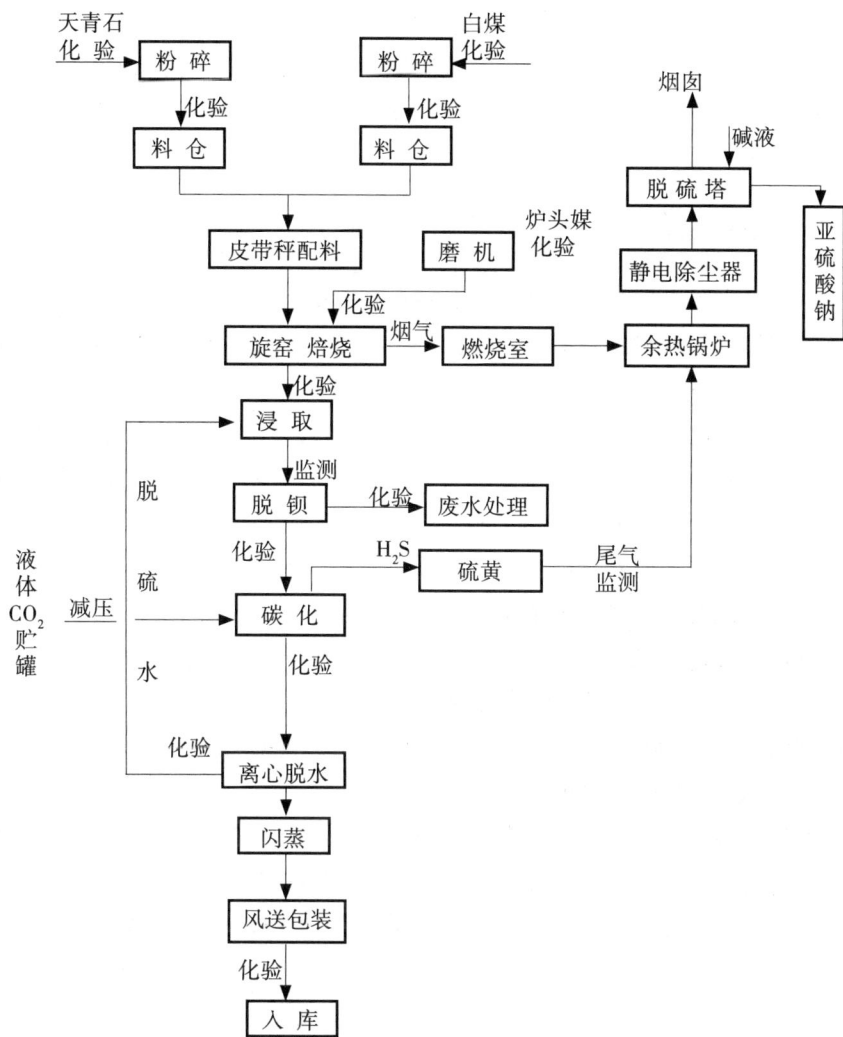

图 5.6　碳酸锶工艺流程简图 ❶

2. 商业模式分析

　　金瑞矿业的主要经营模式为设计开发 + 生产 + 销售。生产加工主要由全资子公司重庆庆龙精细锶盐化工有限公司（以下简称"庆龙锶盐"）负责，由于生产的该类产品有纯度高等优点，因此在国内该行业中享有良好的口碑。其产品主要供应给广东顺德江顺磁材有限公司、横店集团东磁股份有限公司等。目前，国内应

---

❶ 图片来源：青海金瑞矿业发展股份有限公司 2018 年年度报告。

用于液晶玻璃基板的产品主要就是此类产品。

此外，该公司积极推进技术的升级改造，投入大量的资金和研发人员，从而提高产品的质量和数量，帮助企业在竞争日趋激烈的市场上站稳脚跟，实现利润稳步增长。

3. 核心竞争力分析

第一，企业的技术研发优势。该公司设有专门的研发中心，专业技术研发小组也有着丰富的经验和创新能力，并获得多项专利，同时公司有关碳酸锶的各项技术指标已经走在了相关行业的前列。

第二，企业的产品质量优势。庆龙锶盐采用的是国内领先的连续碳化工艺，大大保证了产品质量的稳定性，独有的产品除杂工艺及异物控制措施使产量在保证高质量的同时保证低成本，因此得以占据部分市场。

第三，企业的生态环保优势。一是独特的尾气处理工艺。该公司的尾气处理工艺是自主研发的，经过这种独特工艺处理后的尾气的含硫量远远低于国家规定的尾气排放标准，并且能在达到环境保护目的的同时创造额外利润，为企业的长远发展保驾护航。二是高效的废水处理工艺。该公司研发了高效的废水处理工艺，通过硫化钡和碳酸钠对废水进行处理并回收利用，真正实现了企业生产废水的零排放，有效减少了企业排污和环境污染。

第四，企业的资源优势。青海有大量的矿产资源，因此公司在该资源的获取方面有着其他类似企业不可比拟的地理优势。除此之外，公司还与矿产品的供应商建立了良好的合作伙伴关系，这也为公司资源的获取提供了优势和便利。青海矿业近三年环保投入如表 5.5 所示。

表5.5　公司近三年环保投入基本情况❶

年　份	环保投入资金（万元）	投入资金占营业收入比重（%）
2018	311.55	1.98
2017	346.65	3.82
2016	170.62	1.97

---

❶ 数据来源于青海金瑞矿业发展股份有限公司 2018 年、2017 年、2016 年年度报告。

4. 未来战略分析

在未来，金瑞矿业将围绕公司的碳酸锶这类主要业务，重视对工艺水平的提高和优化，扩大生产规模，拓展销售渠道，以不断提高企业的盈利能力。

此外，金瑞矿业将更加重视安全生产方面的管理，充分重视环境保护。在严格落实安全与环保的基础上，进一步提高企业的盈利能力。同时，企业将加大在环保方面的投入，将企业打造成可持续发展的行业领军企业。

5. 案例小结

金瑞矿业以"以销定产"的方式控制企业的产品数量，在确保了市场需求的同时降低了库存成本，使单位效益获得最大化。此外，其研发、制造、销售为一体的模式也使公司较少受到其他上下游企业的制约，可根据顾客的需求自主研发产品、完善产品。

另外，公司还涉及尾气处理和废水处理业务。尾气处理和废水处理都属于生态投资中对产出废弃物进行处理以减少其对环境影响的策略。该生态意识在公司运营中起到了不可忽视的作用，也带动了生态工业的发展。

5.5 小 结

生态工业是一种以生态化为理念、以工业为主导的先进综合型的发展模式。在生态工业经营管理过程中，需要以科技为支撑，遵守生态经济学的原理和发展规律。在过去的十几年里，重视生态工业的企业越来越多，在国家的扶持下，各类生态工业企业的出现、国家生态工业园的建设等都证明了我国生态工业未来的良好前景。

（1）发展生态工业的必要性

在环境污染日益严重和可持续发展战略的要求下，发展生态工业是我国发展的必然选择，以期做到人与环境和谐共生。我国作为工业强国，必须开始着手经济结构的调整，发展生态特色经济，从根本上解决污染的难题，减轻环境污染和生态破坏的压力。

（2）发展生态工业的意义

发展生态工业不仅迎合了我国倡导建设节约型社会的要求，还有利于减缓我国自然资源的耗竭，节约能源以及有效提高工业企业的竞争力，为企业走向国际舞台提供了条件。

（3）各企业生态工业的形式

通过个案可以看到企业发展生态特色经济的方式各有不同，有五粮液集团对固态发酵产生的废渣的有效利用，生产珍惜药用菌、保健品、化妆品等产品以及各类相关的利用废渣进行的技术研究；有金瑞矿业的尾气处理技术以及高效的废水处理工艺；以中石化为代表的国企积极履行社会责任，投资重金开展环保工作，积极践行绿色低碳发展战略等方式。

还有如菲达环保这样的直接将环境保护作为主要发展模式的企业，其拥有全球领先的现代化高端环保装备制造基地。格林美股份有限公司也是一家以资源循环为己任的注重环境保护的企业，该企业主要对电子废弃物等报废资源进行循环利用。

我国在生态工业的推进上已取得了一定的成效，但前路长远。发展环保产业、高新技术产业，降低工业企业生产过程中的能耗，对实现生态工业的发展目标，促进经济和社会可持续发展有着深远意义。

第6章 生态服务业发展模式创新

服务业是我国除农业、工业之外的另一大产业，是我国经济的重要组成部分，对我国经济发展有着非常重要的作用。推动服务业可持续健康发展是实现我国民生和就业的重要基础，服务业的创新成长有助于我国综合实力的增强。目前，各级政府部门正在加快推进供给侧结构性改革，这是实现服务业高质量发展的重中之重，促使宏观经济稳步转型和升级，是实现全面小康社会的重要途径和手段。

一直以来，人们都认为服务业是环境污染较少、资源耗费较低的产业，缺乏对服务业开展绿色化和生态环境化的了解和重视。由于服务业急剧增长，大量的污水、废气和各类垃圾对自然生态造成严重污染，继传统工业对自然生态造成污染之后，传统服务业同样成为环境污染的一大来源，因此服务业带来的负面环境问题亟待解决。我国急需构建经济、人口和环境三者协调发展的生态经济体系，以促进我国经济社会的可持续发展。因此，生态服务业的发展是生态文明背景下经济可持续发展的必然要求。

在当前经济发展与环境保护并重发展的背景下，许多大型服务业公司，如黄山旅游发展股份有限公司、北京碧水源科技股份有限公司等都开始从传统服务业向生态服务业转型，这些公司的产业链流通体系以循环经济的概念为指导。与以前的传统服务业相比，生态服务业具备显著特色：以往的服务业主要的经营方式是从资源获取开始，经过转化成为产品，服务于社会，然后成为废物进行排放。这一流程是单向流动的过程，较少涉及资源的回收与利用。但是，生态服务业则不然，生态服务业在经营过程中非常关注资源的回收与利用，努力实现资源的循环，以达到可持续发展的目的。生态服务业在全面发展的基础上，努力反馈生态农业和生态产业建设，促进全社会生态经济的可持续发展。

6.1 生态服务业研究概述

6.1.1 生态服务业的含义

生态服务业来源于生产性服务业。Greenfield[137] 将生产性服务业定义为给制造商而不是终端消费者提供服务产品的产业。Browning &Singelman[138] 从生产性服务业包含的服务及行业类型角度出发，提出生产性服务业应是涵盖保险、法律等在内的知识高度聚集的业态。Howells 和 Green[139] 认为，生产性服务业为制造商提供支持，涵盖融资、保险、增值服务与科研开发等方面。而在生态服务业概念方面，国内较多学者对其进行了定义。孙婷 [140] 认为生态服务业要求因地制宜，妥善利用自然资源，依靠技术和管理创新，运用生态学知识，全面规划服务业生产布局，发展节约型社会。王芳 [141] 则认为生态服务业要在科技创新的基础上扩大经营范围，通过创新生产与加工方式让服务产品与服务方式实现非物质化，依靠科技拓展服务领域，改进工艺设计，促进产品和服务的非物质化。生态服务业的特点是以环境保护理念为基础，实现生产资源的循环利用和生产过程的绿色处理。徐爱燕等 [142] 认为生态服务业是建立在科学、有效地运用本土自然资源的基础上兴起来的新型服务业，是循环经济的有机组成部分，涵盖了生态商业、绿色旅游、绿色物流和绿色公共服务等行业。从宏观角度看，生态服务业的良好发展对减少资源消耗量，降低能耗强度，减少污染物排放，建立生态文明社会，实现经济可持续发展具有积极的意义。

综上所述，我们可以得到"生态服务业"就是以生态学为基础，通过改进科技和治理手段，围绕节能、降耗、减污、增效和提升形象等方面，实现物质和能量在输入、转换到输出的良性循环和有效利用，将循环经济理念融入可持续成长实践的新型业态 [143]。

6.1.2 生产服务业现有模式

结合现有的研究成果，可以将生态服务业分为生产性生态服务业、流通性生态服务业、生活性生态服务业等，其含义可借鉴生产性服务业、流通性服务业、生活型服务业的概念。

1. 生产性生态服务业

李剑玲、李京文[144]认为生产性服务业是指可以市场化的中间投入服务。为了推动生产性生态服务业的发展，可以构建政府部门、行业企业、社会组织的"三位一体"模式或者是基于产业生态因子的"五位一体"模式。

高运胜[145]认为，生产性服务业存在集群模式，主要包括传统的马歇尔新产业集聚模式、轮对型集群模式、卫星平台型集群模式、政府主导型集群模式、创新型虚拟产业集群发展模式和生态集聚发展模式。

2. 流通性服务业

王倩认为[146]流通服务业是新兴服务业与传统储存运输、商贸流通服务业结合并升级而形成的服务业体系，其人力资本、技术含量和附加值都相对较高，资源消耗少且环境污染小。以胶东半岛为例，要发展新型流通服务业，就要建立综合交通网络，建立兼容的物流信息系统，加快传统运输企业转型升级为现代物流企业。

在我国流通性生态服务业中，以生态物流为代表，这是一种环境友好的物流系统，从原料的获取到送到客户手中，全程实现绿色化服务。中国的生态物流起步较晚，现在面临物流系统薄弱、物流信息化程度低、物流企业市场适应性差等一系列问题。然而，随着对生态经济的深入研究和人们对环保问题的日益重视，中国未来生态物流产业一定会前景广阔。

3. 生活性服务业

生活性服务业主要是指为适应现如今居民消费升级的大趋势，在原先发展水平的基础上，扩大短缺类服务产品的供给，满足居民日渐多元化的服务要求。

张国珍、陈元阳[147]认为，生态旅游中的点、线、面是必要的，要联系环境中的生态因素，构建人与环境互动的生态伦理中心。将精致农业与生态旅游教育适当融合，考虑将文化艺术作为观光资源。

在生活性生态服务业中，生态旅游业发展较好。中国的生态旅游在20世纪80年代取得了初步发展，主要凭借自然资源（如山川、湖泊等）为游客创造旅游环境。随着人们可支配收入的增多及生态环境意识的提高，生态旅游在未来将成为一种时尚潮流，生态旅游业将成为旅游业发展的重要支柱之一。

生态卫生服务业开始引起重视。几千年来，农村将粪便堆肥的历史是一个比较原始的、健康的生态卫生系统。20世纪20年代的沼气技术应用也是生态卫生系统的一个体现。近年来，我国推出的"厕所革命"也代表着以生态厕所为代表的卫生设施已经在全国特别是农村地区建立起来。

但生态教育服务业的落实并不乐观。我国生态教育相对外国而言落实的并不是很到位，这与我国的经济发展水平密切相关。20 世纪 70 年代末，中国将环境教育列入中小学生教育规划中，但是实施的并不理想，特别是在农村地区，我国的环境教育工作还有很长的路要走。近年来，由于社会经济持续快速发展，人们的收入和生活水平提升很快，中国需要进一步加大对生态教育的投入。

6.1.3　面临困境

冯洁 [148] 针对海峡两岸的现代服务业列举了以下问题：

（1）服务业相关技术水平较低，高精尖技术的价值在现代服务业中没有得到充分利用。

（2）自主创新能力不足，无法提供高端的产品与服务，限制了经济效益。

（3）专业人才缺乏，尤其是结构性人才。

（4）许多服务型行业企业因规模小、信用较低、筹资难度较大，发展受到限制。

（5）缺乏大规模知名品牌，不能获得主导地位。

6.1.4　发展趋势

李剑玲、李京文 [149] 认为影响生产性服务业的最重要因素是生态型服务业的规模。为了更好地促进产业结构的优化，要积极促进生产性服务业和现代制造业的发展，加大规模效应，提升专业化水平。

蔺栋花、侯效敏 [150] 认为要促进生产性服务业的升级，就要创新发展理念，把其放到调整经济结构、引导经济增长的战略高度；制定发展规划和产业政策，将目标从速度、产值转化为结构优化、升级，实施"帮扶工程"；培育高技术服务业载体；重点发展"五大"工程，为高端生产性服务业发展"强身健体"；不断扩大人才储备。

传统服务业向现代生态服务业转型体现在两个方面，一是服务过程的清洁化、生态化。在环保法规的实施与人们消费理念的影响下，企业在服务过程中逐步加强了绿色生产和清洁服务的手段，开创了清洁生态服务的新途径——绿色环保服务，注重节能、清洁生产、废物回收处理和环境保护，引导消费者进行绿色消费，最终加强循环经济，促进服务企业的生产和管理以及其他工业能源、产品之间的横向流动，继续完善生态建设服务。二是生态服务业的创生发展。随着社会经济的快速发展，在居民基本生活条件得到保障的同时，他们开始注重绿色环保和健康养生，绿色消费需求水平不断提高。

6.2　我国发展生态服务业的背景与意义

6.2.1　我国发展生态服务业的背景

环境的破坏和污染很容易与农业和工业联系在一起，传统的经济模式给自然环境和生态环境造成了巨大的浪费和危害。随着社会经济结构的不断发展和变化，许多企业越来越重视服务模块，但大家对服务企业和服务活动的环境影响还没有给予足够的重视。

长期以来，人们普遍将服务业与低耗能、轻污染挂钩，但大量调研数据表明，服务业对环境的污染和破坏并不比农业和工业少，且对环境的破坏程度在不断加剧，如快递业的快递包装垃圾、餐饮业的厨余污染及旅游业的人为破坏等。

首先，人们对服务业的内容不甚了解，这使许多服务业领域管理混乱，导致服务业出现了无法可依、有法不依、执法不严或者管理懈怠等问题，服务业造成的环境问题无法得到有关部门的有效解决。其次，服务业的环境治理手段主要以"末端处理"为主，使一些原本可以避免的污染和破坏屡屡发生。再次，服务业对环境的破坏并不明显，需要在时间作用下才能逐渐显现，正是这种对环境影响的隐蔽性使人们忽视了服务业对环境的污染和危害。

随着工业化过程中资源与环境矛盾的不断突显，我国逐渐将生态文明纳入"五位一体"的总布局，生态服务业发展的指导性、引领性和保障性政策不断完善并层层升级，如表 6.1 所示。

表6.1　2015—2017年国家环保行业政策汇总❶

发布时间	发布机构	政策法规	主要内容
2015 年 4 月 25 日	国务院	《中共中央国务院关于加快推进生态文明建设的意见》	明确了生态文明建设的总体要求、目标愿景、重点任务和制度体系，突出体现了战略性、综合性、系统性和可操作性

❶ 数据来源：前瞻产业研究院．

发布时间	发布机构	政策法规	主要内容
2015 年 9 月	国务院	《生态文明体制改革总体方案》	明确了生态文明体制改革的任务书、路线图，为加快推进改革提供了重要的行动指南
2016 年 3 月	发改委	《国民经济和社会发展第"十三"个五年规划纲要》	全面完成全国生态保护红线划定，完善环境标准和技术政策体系，淘汰高污染、高环境风险工艺、设备和产品，重点发展资源节约循环利用关键技术和生态治理修复成套技术，加快节能环保产业发展
2016 年 3 月	环保部	《生态环境大数据建设总体方案》	全面提高生态环境保护综合决策、监管治理和公共服务水平
2016 年 7 月	环保部	《"十三五"环境影响评价改革实施方案》	以改善环境质量为核心，与排污许可制相融合
2016 年 9 月	工信部	《绿色制造工程实施指南（2016—2020年)》	到 2020 年，绿色制造水平明显提升，绿色制造体系初步建立
2016 年 10 月	环保部	《全国生态保护"十三五"规划纲要》	全面划定生态保护红线，垃圾处理、污水处理领域强制应用 PPP 模式
2016 年 11 月	国务院	《"十三五"生态环境保护规划》	以提高环境质量为核心，实施最严格的环境保护制度，打好大气、水、土壤污染防治三大战役
2016 年 12 月	全国人大常委会	《中华人民共和国环境保护税法》	对国家各个行业污染物排放情况进行计税和税收减免，以奖罚分明推动国家环境保护的发展
2016 年 12 月	国务院	《关于环境保护税收入归属问题的通知》	促进各地保护和改善环境、增加环境保护的投入，国务院将环境保护税全部作为地方收入
2017 年 2 月	环保部、财政部	《全国农村环境综合整治"十三五"规划》	提出到 2020 年新增完成环境综合整治的建制村 13 万个
2017 年 2 月	环保部	《国家环境保护"十三五"环境与健康工作规划》	提高国家环境低风险防控能力，保障公众健康，有序推进环境与健康工作，有效推进"十三五"时期国家环境保护工作的开展

发布时间	发布机构	政策法规	主要内容
2017年2月	国务院	《核安全与放射性污染防治"十三五"规划及2025年远景目标》	规划包含6项目标、10项重点任务、6项重点工程和8项保障措施。
2017年4月	环保部	《国家环境保护标准"十三五"发展规划》	进一步完善环境保护标准体系，充分发挥标准对改善环境质量、防范环境风险的积极作用
2017年9月	环保部	《"十三五"挥发性有机物污染防治工作方案》	以改善环境空气质量为核心，以重点地区为主要着力点，以重点行业和重点污染物为主要控制对象，推进VOCs与NOx协同减排，强化新增污染物排放控制
2017年12月	工信部	《汽车行业挥发性有机物削减路线图》	引导行业技术进步，制定汽车行业VOCs排放目标。以工艺替代、技术改造和回收及综合处理工程使汽车及其零部件生产环节的VOCs达到规定标准

6.2.2 我国发展生态服务业的意义

资源和环境越来越限制我国经济的发展。一旦人类对资源的消耗超过自然界原有的再生能力，极易造成环境恶化、资源枯竭、生物锐减等生态问题。服务业成熟度的高低是衡量国家和地区发达程度的核心指标，而我国人口众多、人均资源占有量远不及世界平均水平。推动生态服务业进一步发展有利于推动中国经济的增长方式，从传统经济向生态经济转变，有利于中国建成资源节约型和环境友好型社会，有利于妥善处理人口、资源与经济的关系。

发展生态服务业有利于推动循环经济和生态产业的共同发展。循环经济是以统筹人与自然之间的关系为基础，遵守自然生态的物质循环和能量守恒规律，达到清洁生产、资源循环利用和废物回收的目的。发展"资源—产品—再生资源"的循环经济生产模式就是用最少的环境污染和资源损耗换取最大的社会经济效益，做到经济发展和环境保护共同发展。

因此，如何在经济需求、国家支持等机遇下用可持续发展的手段推动生态服务业的发展是当下生态文明建设迫切需要解决的问题。

6.3 生态服务产业发展模式创新

6.3.1 我国生态服务业发展概况

2013—2017 年第一产业、第二产业、第三产业增加值占国内生产总值的比重如图 6.1 所示。

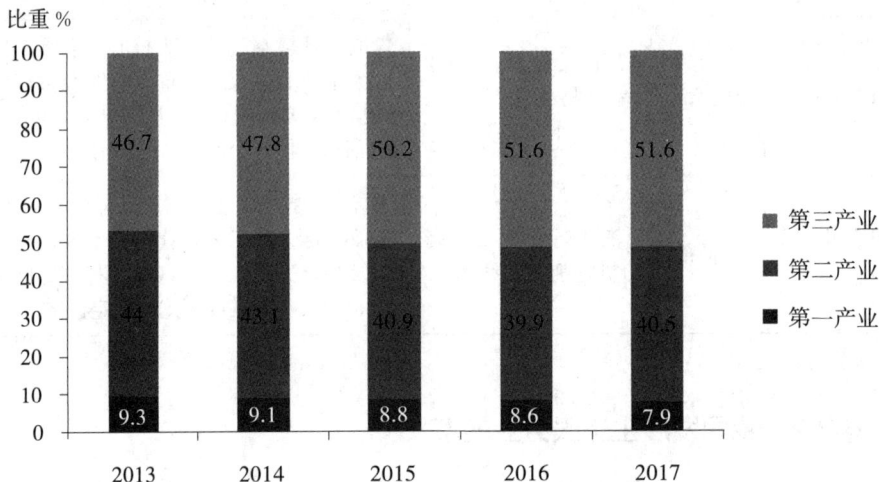

图 6.1 2013—2017 年三类产业增加值占国内生产总值比重

我国产业现状表明，服务业已成为国民经济增长的一个重要组成部分。1990年，我国的服务业生产总值仅为 80 余亿元，到了 1995 年以后，服务业进入了一个新的发展时期，其占 GDP 的比重较高，并在十年内持续增长。2015 年，服务业占 GDP 的 50.2%。目前，中国服务业总产值已超过 GDP 的一半，且仍然呈上升趋势，但与西方发达国家相比仍存在差距。

6.3.2 我国生态服务业的转型升级路径探索

由于生态服务业的发展不受空间、资源等因素的制约，具有无限的发展潜力，因此大力推进生态服务业的发展是加强我国循环经济建设的有效途径之一。近年来，国务院发布了一系列指导服务业发展的相关文件，服务业已进入快速发展阶段。

1. 发展生态旅游业

随着人民生活水平的不断提高，旅游业已成为推动经济增长的主要动力。2016 年 8 月，国家发展和改革委员会与国家旅游局联合发布了《全国生态旅游发展规划（2016—2025 年）》，根据国家地理环境及相关规划将国家划分为 8 个生态旅游区、建设 200 个重点生态旅游目的地、形成 50 条精细生态旅游线路，并在此基础上建立了配套的资源保护、公共服务、环境教育、社区参与、营销推广和科技创新六大体系，加强组织领导和协调配合，加大政府的支持力度，加强人才保障，促进生态旅游发展。

2. 发展生态物流业

在社会经济不断发展的背景下，社会环境保护意识普遍提高，每百公里碳排放量整体呈波动下降趋势，企业为获取更大的经济利益和市场份额，倡导社会大众进行绿色消费，从而推动了生态环境的平衡发展。在组织模式方面，我国生态物流实行多样化发展，存在推动物流企业循环化、规模化与多元化的模式，以市场营销需求为主导的生态化组织模式，推动管理创新的生态化组织模式，等等。

3. "互联网 +" 促进生态服务业转型升级

"互联网 +"的概念提出不足十年，但已经渗透到各行各业，促进了企业和政府的发展。从市场需求的角度看，"互联网 +"在生产要素分配中发挥着优化和整合的作用，极大地缓解了传统交易中信息不对称的问题。"互联网 +"可以加强生态服务业基础设施建设，营造良好的网络发展环境，促进生态服务业产业结构升级、组织转型、资源配置等。

6.3.3 我国生态服务业产业发展模式创新

1.PPP 模式——企业与政府合作共赢

PPP 模式是指政府与私人组织之间，为了提供某种公共物品和服务，以特许权协议为基础，彼此之间形成一种伙伴式的合作关系，并通过签署合同明确双方的权利和义务，以确保合作的顺利完成，最终使合作各方达到比预期单独行动更为有利的结果。这种模式的推进能够大大提高各行各业的发展效率，但是私营企业在与政府的 PPP 合作方面仍存在许多问题，如概念识别、互补需求、双向目标、程序公平等方面，需要相互重视，共同解决，实现合作共赢。

2013 年以来，国家各地积极推进 PPP 模式（图 6.2），相关政策和态度明确，都支持在环境保护等公共服务领域推进 PPP 模式。2014 年，PPP 政策继续加码，且国家频繁出台相关政策。2015 年，在环境保护领域先后出台了一系列法律法规，如《中华人民共和国环境保护法》《水污染防治行动计划》等，中国在环境保护领域的建设与成果得到了全世界的广泛关注。

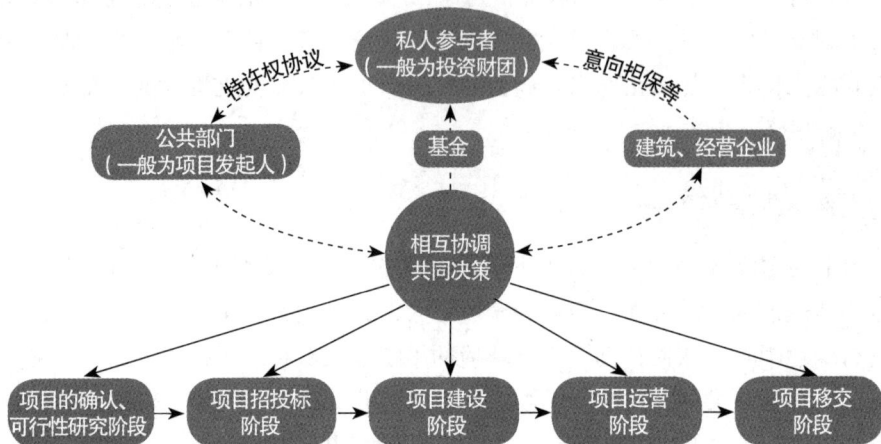

图 6.2　PPP 模式示意图

2. 发展绿色生活性服务业

生活性服务业主要指为解决人民生活需要而提供一系列的物质与精神的产品与服务的企业，包括餐饮业、家政服务业及文化娱乐服务业等。绿色生活性服务业积极发展绿色销售、绿色商业及绿色采购，倡导绿色消费，降低能源消耗，推动资源循环利用，促进生态服务业的可持续发展。

第一，绿色销售模式。在产品促销方面，提倡无纸化、低消耗的促销方式，加强生态环保意识，尽量做到产品可重复利用；在销售方式方面，积极选用电子交易平台进行消费和销售，并与生态物流相配合，促进生态销售的可持续发展。

第二，绿色商业模式。在商业中积极使用新能源材料、节能灯具和环保餐具等节能环保产品和设施，降低能源资源消耗；提倡循环利用资源，减少资源的消耗与浪费。

第三，绿色采购模式。一方面，鼓励企业采购环境友好型的原材料及成品；另一方面，提倡居民实行绿色消费。在产品采购过程中，鼓励优先购买对环境负面影响较小的产品，促进企业提高环境保护意识，从而促进社会的可持续发展。

3. 发展绿色生产性服务业

生产性服务业主要包括将节能环保理念及技术融入物流业、金融业及信息传输等方面，以实现经济与生态环境的协调发展。

第一，绿色物流模式。绿色物流是指在物流过程中抑制物流对环境造成危害的同时，实现对物流环境的净化，使物流资源得到最充分利用。它包括物流作业环节和物流管理全过程的绿色化。从物流作业环节看，绿色物流包括绿色运输、绿色包装、绿色流通加工等。从物流管理过程看，绿色物流主要是从环境保护和节约资源的目标出发，改进物流体系，既要考虑正向物流环节的绿色化，又要考虑供应链上的逆向物流体系的绿色化。绿色物流的最终目标是可持续性发展，实现该目标的准则是经济利益、社会利益和环境利益的统一。一方面，物流企业逐渐重视绿色物流的相关理论和技术应用，增加资金投入，强化与各大研究机构的协作；另一方面，政府给予绿色物流企业一定的补助及优惠政策，如在税收、财政补贴、市场准许等方面给予一定的奖励，为其创造良好的市场环境。

第二，绿色金融模式。绿色金融指金融部门把环境保护作为一项基本政策，在投融资决策中要考虑潜在的环境影响，把与环境条件相关的潜在的回报、风险和成本融入银行的日常业务中，在金融经营活动中注重对生态环境的保护以及环境污染的治理，通过对社会经济资源的引导促进社会的可持续发展。首先，绿色金融服务业要积极建立健全绿色金融法律法规体系，调整金融业务结构，从而推动低碳经济的可持续发展；其次，绿色金融服务业要建立新型贷款评价指标体系，在会计核算指标体系中纳入环保参数等指标，在信贷决策环节中纳入生态环保意识；再次，绿色服务业还积极投资绿色金融及基金类产品，开发与节能环保相关的信贷服务及保险类产品[151]。

第三，绿色信息传输模式。信息传输是生产性服务业的主要载体，减少信息传输造成的污染与能耗也是发展生态服务业的一个重要途径。一方面，绿色服务企业采用污染过程控制模式，在信息生产传输及消费的闭路系统中全程监控污染，以尽量减少各种污染的产生；另一方面，采用减量化模式，使信息生产传输实现最小化投入，降低信息传输成本，提高资源利用率。

6.4　生态服务业发展模式企业案例分析

6.4.1　生态环境智联网生态服务业发展模式

1. 企业案例介绍

聚光科技（杭州）股份有限公司（以下简称"聚光科技"）于 2002 年 1 月在美国加州硅谷注册成立，并于 2011 年 4 月 15 日上市，主营业务包含环境安全监测及管理、环境治理、智慧水利水务、智慧工业及智慧实验室等多方面。公司拥有 500 余人的研发团队，在全国设有 30 多个办事处，20 多家子公司遍布世界各地。

聚光科技是中国领先的城市综合智能解决方案供应商，是中国绿色智慧城市建设的先行者之一，先后获得"国家创新型企业""国家火炬计划重点高新技术企业"等荣誉，作为分析仪器行业的代表企业连续四年入选"福布斯"中国最具潜力企业 100 强。

2. 商业模式与核心竞争力分析

（1）技术研发优势

聚光科技一直以来都把加强技术研发作为公司的核心竞争战略，经过多年的培训与投资，公司已经培养了一批实践经验丰富、创新能力强的核心研发团队，逐步研发了一系列技术先进、适应能力强并且有专利的科技产品。目前，该公司已经拥有了一支 500 余人的核心研发团队，截止 2016 年底，该公司已经获得了 200 余项的产品专利，研发成果显著。

（2）营销服务优势

聚光科技以分支机构和办事处的形式建立了覆盖全国的综合营销和服务网络。该公司拥有 1 000 多名技术支持和服务人员以及全国一流的备件库，使消费者的需求能够在短时间内迅速得到公司的反馈和解决，部分产品还为消费者提供远程调试、维护及故障排除等服务，已成为同行业内最广泛的销售和服务网络之一。该公司在此基础上，充分利用当地优势，通过为客户定制解决方案满足客户的个性化需求。公司成熟的营销服务体系为公司赢得了更大的市场份额，为公司在同行业中的竞争奠定了夯实的基础。

根据环保部的计划，随着大力发展第三产业及对环境保护的重视，国家先后出台了《中华人民共和国环境保护法》和一系列政策法规，在"十三五规划"期间对大气、水和土壤提出了治理标准，发布了下游气、水、土行业的市场需求以及环境监测需求，公司在此背景下将面临更多机会。在新经济政策的良好支持下，公司要顺应经济发展的趋势，对未来的业务经营做出合理的规划：

第一，顺应市场及客户需求，不断加强技术创新。

第二，进一步加强企业的营销管理，树立企业品牌形象。

第三，不断优化企业内部资源配置，打造优质团队。

第四，合理开展投资并购，不盲目扩张。

6.4.2　"旅游+"生态服务业发展模式

1. 企业案例介绍

黄山旅游发展股份有限公司是以黄山旅游集团有限公司（原黄山旅游发展总公司）及旗下10家公司的经营性资产为唯一投资，通过向国内外投资者募集股份而成立的一家既发A股又发B股的旅游上市公司。该公司的业务范围涵盖面较广，主要包括景区开发管理、酒店、旅行社等旅游领域，被誉为"中国第一只完整意义的旅游概念股"。

2. 商业模式分析

（1）景区管理业务

多年来，公司不断发展创新，在山地风景名胜区保护和旅游开发方面储备了大量经验，积累了一批专业的关于景区开发、建设、保护方面的人才，成为中国山岳型景区管理的标杆。

（2）索道及缆车业务

黄山是我国最早修建客运索道的风景名胜区之一，拥有国内第一条5S级索道。黄山索道将顾客安全放在首位，注重设备的检查与维修，并始终保持着较高的服务水平。

（3）酒店业务

公司拥有北海宾馆、狮林大酒店等10余家精品酒店，在发展和深化酒店业务的过程中不断累积酒店管理经验，形成了酒店管理品牌，获得了消费者较高的认可度和忠诚度。

（4）旅行社业务

公司旅行社业务包括境内外旅游、机票销售、展览业务、广告策划等方面，旗下旅行社连续十年荣获"全国百强旅行社"称号，在消费者中享有较高的美誉度。

3. 核心竞争力与未来战略分析

该公司具有在资源、品牌、人才、区位等方面的主要核心竞争优势。

战略目标：公司始终贯彻"旅游+"和"走下山、走出去"的战略思想，不断推动公司转型发展，致力成为国内综合型旅游公司的领导者。

战略路径：在不断加深公司制度和机制改革的基础上，不断加强旅游产品供给侧改革，充分利用自身具有的平台优势、人才优势及区位优势，加强资本运作，通过兼并收购及对产业链的布局，以求冲破瓶颈期，让公司获得新的盈利点。全面促成"一山一水一村一窟"的产业结构，达成从局部向全域旅游的延伸；进一步推动"旅游+"，实现旅游生态中各板块的协同运作。

6.4.3　新能源生态服务业发展模式

1. 企业案例介绍

内蒙古蒙电华能热电股份有限公司主要从事电能和热能供应、基础设施项目和原材料投资以及相关的管理和咨询服务，行业地位较高。

2. 商业模式分析

在发电业务方面，公司所属蒙西区域电厂所发电量主要以直接调运、大宗交易等方式销售给终端客户，"点对网"的西电东送电厂所发电量主要以直接调运方式销售给终端客户，所属蒙东地区风力所发电量通过电网销售给终端客户。随着电力体制改革的不断深化，发电企业主要以竞价上网的方式进行销售，对此公司将不断深入了解客户需求，提高服务水平，凭借公司逐步扩大的影响力开拓新的市场，迎接新的挑战。

在供热业务方面，民用供热直接销售给热力客户或通过协议以泵售方式销售给热力公司，工业供热通过协议方式直接销售给客户。

3. 核心竞争力分析

核心竞争力分析具体表现在区位优势、电力外送通道优势和结构调整优势方面。

第一，区位优势。公司背靠内蒙古大量的发电能源储备，地理优势显著。

第二，电力外送通道优势。2014年，政府提出建设内蒙古电力外输通道，公司在有关政策的支持下得到了新的发展机会。

第三，结构调整优势。随着低碳环保概念的不断深化，清洁能源将成为未来的主要能源。虽然目前公司业务并未过多地涉及清洁能源，但内蒙古自治区的风资源和光资源十分丰富，公司从2015年开始逐渐加大对清洁能源的投资规模，以便在未来逐步实现转型发展和结构调整。

4. 发展战略

公司将始终贯彻实施建设一流的综合性能源公司的战略目标，紧跟国家政策和市场变化，不断创新发展。

6.4.4 依托PPP生态服务业发展模式

1. 企业案例介绍

北京碧水源科技股份有限公司（以下简称"碧水源"）专注于环保领域，在污水治理及净水设备开发等水处理领域进行全产业链布局。碧水源不断推进技术革命、商业模式改进和管理与机制的完善，是中国环保行业内的龙头企业。

2. 商业模式分析

作为环保PPP领军企业，碧水源通过PPP模式扩大市场，在2011年向零售市场推出了家用净水器。同时，碧水源凭借其在水务行业的领先地位和先进的膜技术受到普遍认可，通过低投入获得了一定的盈利，并且扩大了知名度。该公司通过多种方式与途径包括加大资金投入、联合研发等方式，以确保公司的研发能力和技术水平不断得到改进，在行业中处于前沿地位。

3. 核心竞争力分析

持续不断的创新能力是碧水源领先于其他同类企业的制胜法宝，主要表现在技术革新、商业模式改进和管理模式的不断完善上。在技术改进方面，碧水源不断加大对膜技术的开发投入；在商业模式创新方面，碧水源继续深化PPP模式的推广，推动膜技术发展，增加市场份额；在管理模式完善方面，碧水源不断完善优化用人机制，注重激励机制，扩大人才储备。

4. 未来战略分析

随着绿色经济等政策的不断推动，碧水源抓住机遇，努力发展为一家国际性针对膜技术的高科技环保企业。为实现目标，碧水源将贯彻持续创新的理念，不断改进产品、优化布局产业链、扩展业务领域，以增强公司整体业务能力。

6.4.5 行业解决方案生态服务业发展模式

1. 企业案例介绍

顺丰速运有限公司（以下简称"顺丰"）是国内快递物流综合服务提供商，是国内快递行业的领军企业，在消费者中享有良好的口碑，凭借具有前瞻性的直营模式、较高的服务水平赢得市场的认可，是国内同类企业的标杆。多年来，顺丰在快递服务质量、及时性和客户满意度等多项指标中均排名第一，良好的声誉和品牌溢价使其具有较高的议价能力，在业内享有极高的美誉度，在客户中也享有较高的忠诚度。2018 年快递行业的月均申诉率如图 6.3 所示。

月均有效申诉率

申诉率 /%

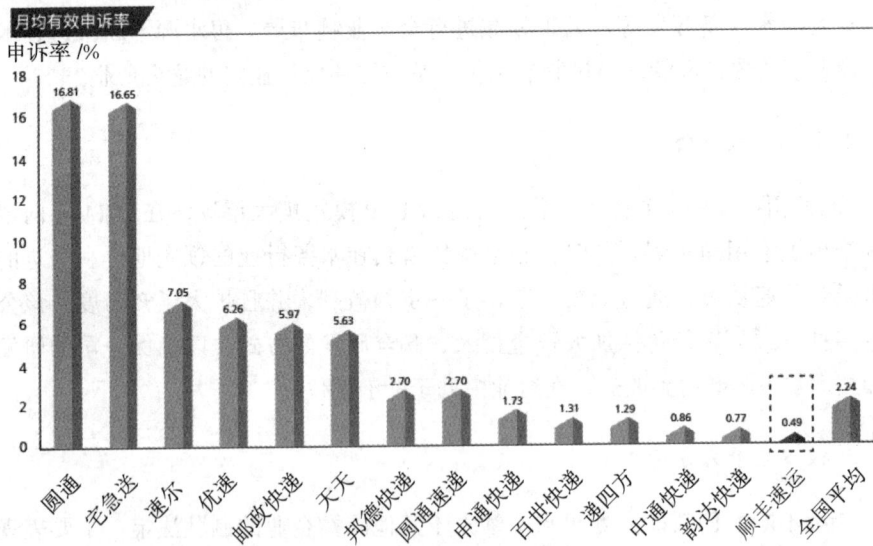

图 6.3　2018 年《邮政业消费者申诉情况通报》发布的月均申诉率情况

2. 经营模式分析

在运营模式上，顺丰采用直接运营模式（图 6.4），通过总部进行全局管理，组织统一的收发货网络、配送加工、运输网络，并配置独立的网络资源。顺丰根据业务发展的实际需要，通过技术确保整个网络的顺利实施，构建高效的信息系统，对业务进行实时跟踪管理，提高了运作过程的整体效率。

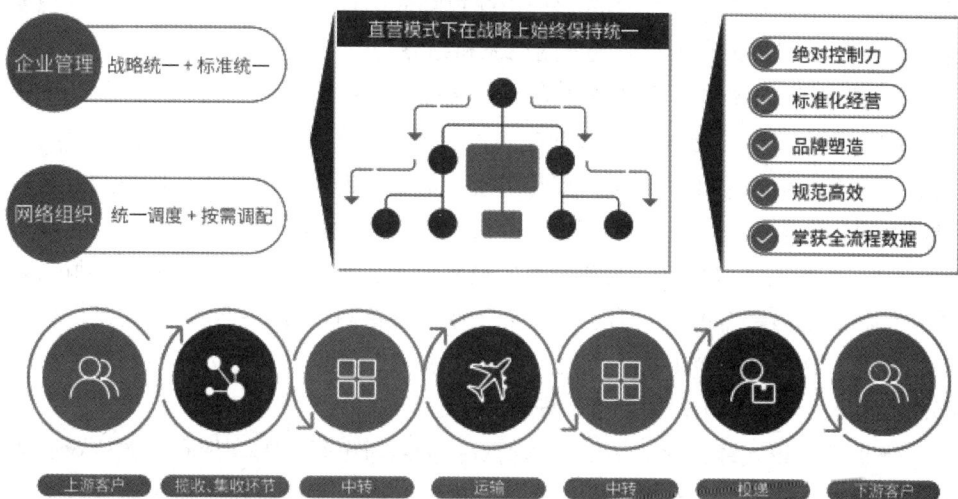

图 6.4　顺丰直营模式

3. 商业模式中的绿色物流服务

（1）物资采购：集约化的资源采购是环保节能的前沿，也是保障绿色物流的前提条件。顺丰对资源的优化调配大大提高了资源的使用效率，资源的废弃与浪费持续减少。

（2）工程节能：在进行工程建设的过程中，顺丰积极开发利用绿色能源，大量运用太阳能和风能，在充分考虑节能环保的前提下推进工程建设。

（3）废旧物料处理：顺丰公司提倡对物料的重复使用，甚至倡导消费者重复利用包装箱。

（4）运输环节：顺丰通过对运输路线的分析和改进减少了路线的长度，从而提升了车辆的装载率。此外，顺丰还专注于使用绿色燃料来减少废气、废料的产生。

6.5 小 结

随着国家经济的高速发展，环境、资源问题日益突显，促使企业不得不考虑向生态可持续发展转变。生态产业凭借绿色环保的优势，不受发展空间和资源要素等的限制，将成为未来产业发展的潮流和趋势。

从以上案例分析中，就未来生态服务业的发展可以得到以下几点启示：

（1）服务主体生态化：服务业在生产过程中不可避免地产生一定的废弃物，故服务企业的生态化相当必要。政府需要鼓励企业创建生态文化，促使企业从自身层面深化生态经济理念，实现物质循环流动，抑制污染。

（2）服务流程洁净化：服务企业的服务形式各异，如餐饮企业通过食材的采购与烹饪满足消费者的饮食需求；贸易企业通过招商投资、销售产品满足市场需求；等等。这些服务企业与人们的生活息息相关，其产品与服务流通的途径必须提高洁净化标准，以确保消费者的安全。

（3）消费模式绿色化：消费者的消费行为对服务行业的发展和服务企业服务渠道的优化具有重要的指导作用。企业与政府、媒体等应合作开展消费者安全和健康绿色产品等宣传工作；注意废弃物的分类和处理；指导消费者消费观念的转变，实现可持续消费。

（4）多元产业复合化：服务产业本身就是一个多元化的产业，企业自身的经营离不开与其他各产业的交流与合作。在资源、产品和服务流通的过程中，要注重构建最优工业生产链和社会生产各个组成部分的物质和能源循环流动链，促进循环经济的发展。

服务产业的生态转型是未来经济发展的必经之路。发展生态服务产业就要将其融入经济、政治、社会建设，实现生态与经济的可持续现代化发展。

第7章　我国生态经济发展水平评价研究

自1978年改革开放以来，我国经济一直保持着高速发展的态势，国民收入增加，人均收入增长，综合国力和国际地位快速提高。然而，中国多年来为追求经济快速增长，大力发展工业，长期粗放型的经济增长方式致使我国产生了严重的生态问题。资源短缺和环境污染问题日趋恶化，严重制约着中国经济长期的可持续发展。因此，要实现社会进步，就必须妥善协调好经济发展与资源环境制约之间的矛盾问题。发展生态经济既是满足国内可持续发展的要求，又是顺应全球化发展的时代趋势。只有实现"经济发展—社会进步—生态协调"三条道路并行推进，才能促进经济的高质量发展，才能建成和谐社会，才能最终实现中国梦。因此，需要对我国生态经济发展水平和发展状态进行客观评价，从生态经济自身发展规律视角探明经济发展与社会进步、生态状况之间的相互影响，寻找实现经济结构调整、社会功能增强及生态环境供需平衡的可行性路径，为中国实现可持续发展提供借鉴。

7.1　相关研究述评

7.1.1　生态经济发展水平的内涵

截至目前，国内外对生态经济的概念还没有统一的定义，樊胜岳、王曲元、包海花等认为，单一学科只能解决该领域的具体问题，而生态经济是一门交叉的综合经济系统，它可以解决单一学科不能解决的环境与经济之间的综合问题。[152] 1996年，在《概念与方法》一文中，法贝尔（Faber）[153]等将生态经济学定义为一门研究生态系统与经济活动之间相互作用的学科。该文主要基于可持续化发展视角进行阐述，可持续发展是一种绿色、环保、循环发展模式。如同美国科学家提出的"宇宙飞船"理论，可持续发展不仅强调生态的可持续，还注重经济和社会的协调发展，平衡整个地球系统的运行，可持续发展是经济发展、社会进步、生态循环三者的有机结合。经济可持续发展是推动社会发展和提升综合国力的重要动力，实现可持续发展不仅要重视量的积累，还要重视质的变化，将原来的高耗能、高污染、低效率等粗放式发展方式转化为低耗能、低污染、高效率的生态发展模式。生态可持续发展是通过有节制的开发和利用自然资源，使资源可以再生，同时环境能自我恢复。社会可持续发展是我们追求的社会目标，即在维持生态可持续发展的基础上，提高人们的生活质量和水平，最终达到一种以人为核心的"生态—经济—社会"综合系统的可持续发展。

7.1.2 综合评价指标体系的研究

1992 年，围绕发展与环境的主题，"联合国环境与发展"会议在巴西召开，为顺应时代对环境保护的需求，会议就发展中国家的发展权和主权与发达国家的资金和技术支持问题展开了激烈的讨论，通过多方协商，大会决议成立了联合国发展委员会，经过后续的研究又提出了"驱动力—状态—响应"（DSR）。[154] 目前，DSR 模型被广泛应用于各个领域。1999 年，中科院提出了中国可持续发展指标体系，到目前为止，国内的学术界基本都采用该指标体系。[155] 近年来，国内学者根据区域具体情况，从不同的研究层次构建了不同具体指标的评价体系，应用不同的评价方法，进行了特定区域的生态经济评价。在区域发展层面，周洋等选取了区域 GDP、绿色 GDP 等 30 个指标，利用主成分分析法对山东省近五年的生态经济效益进行了评价，并指出了调整产业结构、培养生态意识、加快高新技术开发、提高能源利用率等发展路径。[156] 陈国良结合黄土高原的区域特征，建立了四类 17 项综合评价指标体系，利用专家评价法和层次分析法对各指标赋予权重，对黄土高原区域治理的生态经济效率进行了评价，并提出了发展建议。[157] 在较微观的层面上，李叶等利用专家问询法，建立了四个层次的综合评价体系，对北京市周边地区引进的外来树种生态效益进行了综合评价。[158] 刘华结合生态经济学的原理，利用模糊数学的方法，对茂名小良水土保持站生态经济的发展状况进行了评价，并且提出了建设性意见。[159]

7.1.3 基于环境货币化估值指标体系的研究

基于环境货币化估值的指标体系主要是以世界银行的"国家财富"衡量指标和考虑环境成本的国民经济账户指标等为代表的货币估值指标，如真实储蓄、绿色 GDP、可持续经济福利指标等。

真实储蓄[160]考虑了自然资源的损耗和污染损失的价值，将资源损耗和环境退化与国民财富联系在一起。我国学术界对相关理论都进行了广泛研究。徐中民等[161]对目前使用的几种定量研究可持续发展的方法进行了评价，指出货币化估值的指标体系的缺点。赵婕[162]结合国内外绿色 GDP 的研究和实践情况，深入评价了我国绿色 GDP 指标的研究和应用现状，并且从多个方面分析了中国绿色 GDP核算方面存在的问题和困难。沈晓艳等[163]学者基于资源环境的视角，通过人均绿色 GDP 和绿色 GDP 指数等绿色核算体系对中国地区绿色发展进行了评价，指出了其区域和时空分布状况。虽然该类评价指标体系从环境资源的角度对经济发展进行核算具有合理性，但是该类指标受到多种因素的影响，也没有与之相对应的计算方法，国内学者不断尝试，创新性地结合数据网络分析方法，解决了技术瓶颈。[164]环境货币化估值的指标体系在具体使用阶段还存在一定的技术难度，但为学者提供了一种新的区别于其他评价指标体系的评价角度。

7.1.4　具体的生物物理衡量指标的研究

1. 生态足迹

人类的生产生活需要利用自然资源，因此人类的行为会对生态环境产生影响，而生态环境对人类活动的承受能力是有限的，在某一固定范围之内便是安全的，如果人类行为对环境的影响在可承受范围之内，就说明当前的发展是可持续的。1997 年，Wackernagel 在《国家的生态足迹》中提出了生态足迹的概念[165]，他对全世界主要的 52 个国家进行了生态足迹核算，他认为目前人类的生态足迹已经超过了全球生态可承受的范围，人类的生产生活过度消耗资源。随着相关学者的研究，很多学者不断地对生态足迹核算法进行补充，将"投入产出法""环境库茨曲线"也加入其核算中。1999 年，学者张志强和徐中民将生态足迹理论引入中国，我国也对其开启了相关的深入研究，该理论也被应用于多个微观层次的研究。目前来看，生态足迹法逐渐被应用到局部微观区域的可持续化发展水平的评价中，生态足迹的应用也趋向于微观层次。生态足迹法使人们在满足发展需求的同时，考虑到了生态的承受能力，微观层次的应用利于区域可持续化发展，为其提供建设路径和思路。[166-168]

2. 能值方法

能值是指一种能量中包含另外一种能量的多少，目前已知的能源均来自太阳，因此一般以太阳能为统一衡量单位。能值方法是将所有人类消费活动所消耗或者转化的能量转化为统一的标准进行衡量，定量分析系统的结构功能特征与经济生态效益。[169] 能值分析方法具有很强的综合性，需要以强大的热力学和生态学为基础，也需要借助更精密的科学仪器。从目前的研究成果看，国内的能值研究对国家、省份、县域及具体的微观区域都有所涉及，既包括区域经济生态社会方面的能值分析[170-173]，又包括具体单个系统的能值分析[174-176]。能值分析法是对投入与产出价值的对比，现代科学技术的进步为能值分析方法提供了技术支持，未来能值分析将会在各个细分领域都实现应用和推广。

7.2　生态经济发展水平评价指标体系构建

7.2.1　评价指标体系建立原则

生态经济评价是建立在生态经济基本理论之上的，在评价过程中需要遵循相关理论研究，并需要深入具体区域展开研究，结合区域特征对区域生态经济发展过程和变化规律进行量化分析，从而得出区域生态经济发展水平和发展状态。[177] 生态经济是一个整体的概念，是一个综合体，不仅要有反映社会进程和经济发展的各个指标，还要体现自然生态环境的变化，选取合适的指标。因此，在构建评价体系时以下面三个原则为基础：

1. 科学性和系统性原则

前文已说明生态经济学是一门交叉学科，生态经济系统不是一个单一的生态系统或者经济系统，而是两者结合的、复杂的、综合的系统，涉及生态系统、经济系统、社会系统各个系统的状况，因此指标的选取需要建立在科学的基础之上，要能够反映区域生产生活、社会发展、生态状况各因素之间的相互影响，能反映出生态经济发展的层次和质量。生态经济不是单纯的经济和生态的叠加，而是两者的有机结合，在评价体系建立时应兼顾各个系统，统筹兼顾。

2. 可操作性和实用性原则

评价体系的建立是为了进行定量分析，因此在指标的选取过程中应考虑指标获取的难度和指标的实用性，多采用定量指标，这样可以客观地对生态经济水平进行评价，也可以检测出所构建的生态指标体系是否合理。相对于定量指标，定性指标的数据较难获取，得到的评价结果不够客观。另外，在指标选取时要注重实用性的问题，不仅在全国生态经济发展水平评价中可以使用，还要能对区域经济发展水平做出一定的评估。

3. 全面性和综合性原则

在考虑了上述两个原则的基础上，指标选择还要尽可能具有全面性与综合性。选取的指标可以完全体现生态经济发展的现状，并且要把生态经济发展过程中相对重要的指标都能归于该指标体系中，使指标体系覆盖全面，具有一定的实践意义。

7.2.2 评价指标体系建立

生态经济评价是生态经济从书面的理论研究走向实践的必经之路，是生态经济长远发展的现实基础。生态经济的评价一般可以分为定性评价和定量评价，由于评价的切入角度不同，评价的方法及指标的选取也就不同。本章主要是以全面协调可持续视角为切入点，既选取了反映数量变化的指标，又选取了反映质量的指标，尽可能减少主观因素对定量评价的影响。基于可持续发展理论，生态经济发展定量研究方法主要包括基于系统理论的综合评价指标体系、基于货币估值理论的评价方法和具体的生物物理衡量方法。本书参考了中国可持续发展指标体系，建立了"经济发展—社会进步—生态状况"三个子系统、15 个指标的综合评价指标体系（表 7.1），通过发掘经济发展、社会进步、生态状况这三个子系统之间的影响，寻找实现生态经济结构调整、功能增强及生态经济供需平衡的可行性路径，为中国生态经济的可持续发展提供科学依据。

表7.1　生态经济发展水平评价整体指标体系

生态经济发展水平评价体系	经济发展	GDP；全社会固定资产投资；社会消费品零售总额；第二产业对 GDP 的贡献率；第三产业对 GDP 的贡献率
	社会进步	城市人口密度；农村居民消费水平；城镇居民消费水平；城市建设用地面积；每万人拥有公共厕所
	生态状况	森林覆盖率；人均水资源量；人均公园绿地面积；环境污染治理投资总额；无害化处理厂数

经济发展子系统指标的选取主要是从增量和结构的角度出发，因此在经济发展子系统中，我们选取了 GDP、全社会固定资产投资、社会消费品零售总额、第二产业对 GDP 的贡献率、第三产业对 GDP 的贡献率五个指标。前三个指标是从

增量的角度衡量经济发展水平，通过经济总量的增长反映经济发展的水平和速度。第二产业对 GDP 的贡献率、第三产业对 GDP 的贡献率是经济结构的衡量指标，通过发掘第二产业和第三产业对 GDP 的贡献率对经济结构进行评价。

在社会进步子系统中，从人民生活水平的角度侧面衡量社会进步程度。农村居民消费水平和城镇居民消费水平这两个指标可以直接体现人们的生活水平，消费水平的降低或提升可以体现中国社会进步的程度。每万人拥有公共厕所这个指标是从社会基础设施的角度出发的，每万人拥有的公共厕所数量越多，说明该地区的基础设施水平越高，城市文明程度越高。

生态状况子系统中的指标是从资源的储量和对污染治理投资的角度出发的，选取了森林覆盖率、人均公园绿地面积、人均水资源量、环境污染治理投资总额、无害化处理厂数五个指标。前三者是自然资源的储量，数值越大说明生态状况越好。污染治理投资总额和无害化处理厂数则是从对污染治理的角度反向测量生态状况的。

7.3　生态经济发展水平的评价方法

各评价方法所依据的理论基础不同，因而我们将评价方法分为以下几类：专家评价方法；运筹学与其他数学方法；新型评价方法；混合方法。本书主要借鉴综合评价方法，利用运筹学和其他数学统计方法中的熵权法对我国生态经济的发展水平进行评价。

本书主要依据统计和经济的方法，使用熵权法对反映生态经济发展水平的经济发展、社会进步、生态状况三个子系统，GDP、城市人口密度、森林覆盖率等15 个评价指标客观地赋予权重，然后对各个指标进行加权评分，得出各年份各系统的得分。

熵是热力学的概念，熵应用与经济评价是一种通过数据离散程度来赋予权重的客观赋值法。熵值越大，说明该指标的离散程度越高，那么该指标所含的信息量就越大，在整个评价体系中的权重也就越大。熵权法在很大程度上避免了主观赋值法在权重配比时的人为影响因素。

具体评价流程如下：

对 n 个样本，m 个指标，则 x_{ij} 为第 i 个样本的第 j 个指标的数值（$i = 1, \cdots, n$；$j = 1, \cdots, m$）。

在选取评价指标时，由于选取的角度不同，各个指标的单位无法做到统一，所以我们就需要将指标进行标准化处理，将绝对指标转化为相对指标（通常采用取倒数的办法）。同时，部分指标的属性也是不同的，正向指标的数值越大越好，负向指标的数值越小越好，不能直接对两种属性的指标进行使用。因此，对于正向、负向指标我们采用了不同的算法进行数据标准化处理，公式如下：

$$正项指标\ x_{ij} = \frac{x_{ij} - \min\{x_{ij}, \cdots, x_{nj}\}}{\max\{x_{1j}, \cdots, x_{nj}\} - \min\{x_{1j}, \cdots, x_{nj}\}}$$

$$负向指标\ x_{ij} = \frac{\max\{x_{ij}, \cdots, x_{nj}\} - x_{ij}}{\max\{x_{1j}, \cdots, x_{nj}\} - \min\{x_{1j}, \cdots, x_{nj}\}}$$

计算第 j 项指标下第 i 个样本值占该指标的比重：

$$p_{ij} = \frac{x_{ij}}{\sum\limits_{i=1}^{n} x_{ij}}, i = 1, \cdots, n \, ; j = 1, \cdots, m$$

计算第 j 项指标的熵权：

$$e_j = -k \sum_{i=1}^{n} p_{ij} \ln(p_{ij}), j = 1, \cdots, m$$

其中，$k = \ln(m) - 1 > 0$，满足 $e_j \geq 0$；若 $p_{ij} = 0$，则定义 $\lim_{p_{ij} \to 0} p_{ij} \ln(p_{ij}) = 0$。

计算信息熵冗余度（差异）：

$$d_j = 1 - e_j, \ j = 1, \cdots, m$$

计算各项指标的比重：

$$w_{ij} = \frac{d_{ij}}{\sum\limits_{j=1}^{m} d_j}, j = 1, \cdots, m$$

计算各样本的综合得分：

$$w_{ij} = \frac{d_{ij}}{\sum\limits_{j=1}^{m} d_j}, j = 1, \cdots, m$$

7.4 生态经济发展水平的实证分析

20 世纪 80 年代，生态经济学作为一门全新学科在我国诞生。在之后的发展中，国内学者主要从整体视角、生态经济理论与实践、生态服务系统价值、生态经济学的方法论等视角展开了广泛的研究，积累了较为丰富的研究成果。然而，现有的研究存在着过于宏观或者过于微观的问题。从时空上讲，大多数都是以单一的年份为研究区间，鲜有人对中国整体较大时空范围内的生态经济发展水平做出客观的评价。本章从国家统计局的官方网站获取了 2008 年至 2017 年 10 年间中国经济发展、社会进步、生态状况三个子系统，GDP、全社会固定资产投资、第三产业对 GDP 的贡献率等 15 项指标（表 7.2 至表 7.4）。

表7.2　经济发展子系统指标

	时　间	GDP	全社会固定资产投资 / 亿元	社会消费品零售总额 / 亿元	第二产业对 GDP 的贡献率 / %	第三产业对 GDP 的贡献率 / %
经济发展	2017 年	820 754.3	641 238.39	366 261.6	35.7	59.6
	2016 年	740 060.8	606 465.66	332 316.3	38.2	57.7
	2015 年	685 992.9	561 999.83	300 930.8	42.5	53
	2014 年	641 280.6	512 020.65	271 896.1	47.9	47.5
	2013 年	592 963.2	446 294.09	242 842.8	48.5	47.2
	2012 年	538 580	374 694.74	214 432.7	50	45
	2011 年	487 940.2	311 485.13	187 205.8	52	43.9
	2010 年	412 119.3	251 683.77	158 008	57.4	39
	2009 年	348 517.7	224 598.77	133 048.2	52.3	43.7
	2008 年	319 244.6	172 828.4	114 830.1	48.6	46.2

表7.3　社会进步子系统指标

时　间	城市人口密度/（人/平方千米）	农村居民消费水平/元	城镇居民消费水平/元	城市建设用地面积/平方千米	每万人拥有公共厕所/座
社会进步					
2017 年	2 477	11 691	31 098	55 155.47	2.77
2016 年	2 408	10 783	29 295	52 761.3	2.72
2015 年	2 399	9 679	27 210	51 584.1	2.75
2014 年	2 419	8 711	25 424	49 982.74	2.79
2013 年	2 362	7 773	23 609	47 108.5	2.83
2012 年	2 307	6 964	21 861	45 750.67	2.89
2011 年	2 228	6 187	19 912	41 860.61	2.95
2010 年	2 209	4 941	17 104	39 758.42	3.02
2009 年	2 147	4 402	15 127	38 726.92	3.15
2008 年	2 080	4 065	14 061	39 140.46	3.11

表7.4　生态状况子系统指标

时　间	森林覆盖率/%	人均水资源量/（立方米/人）	人均公园绿地面积/（平方米/人）	环境污染治理投资总额/亿元	无害化处理厂数/座
生态状况					
2017 年	21.6	2 074.53	14.01	9 538.95	1 013
2016 年	21.6	2 354.92	13.7	9 219.8	940
2015 年	21.6	2 039.25	13.35	8 806.3	890
2014 年	21.6	1 998.64	13.08	9 575.5	818
2013 年	21.6	2 059.69	12.64	9 037.2	765
2012 年	21.6	2 186.2	12.26	8 253.46	701
2011 年	21.6	1 730.2	11.8	7 114.03	677
2010 年	21.6	2 310.41	11.18	7 612.19	628
2009 年	21.6	1 816.18	10.66	5 258.39	567
2008 年	20.4	2 071.05	9.71	4 937.03	509

表 7.2 至表 7.4 为中国 2008 年至 2017 年经济发展、社会进步、生态状况三个子系统，GDP、全社会固定资产投资、社会消费品零售总额等 15 个指标的具体数据，由于存在着正向、负向指标属性不同和各指标单位不统一的问题，我们对数据进行了同一化、标准化处理。通过熵权法对各个指标赋予的权重如表 7.5 所示。

表7.5　生态经济发展水平评价指标的权重计算

目标层	子系统	指标层	权　重	权重排名	权重总和 /%
生态经济可持续发展	经济发展	GDP/ 亿元	7.48	5	34.07
		全社会固定资产投资 / 亿元	7.24	7	
		社会消费品零售总额 / 亿元	7.58	4	
		第二产业对 GDP 的贡献率 /%	5.35	12	
		第三产业对 GDP 的贡献率 / %	6.41	9	
	社会进步	城市人口密度 /（人 / 平方公里）	5.43	11	40.87
		农村居民消费水平 / 元	8.59	3	
		城镇居民消费水平 / 元	7.34	6	
		城市建设用地面积 / 平方千米	9.86	1	
		每万人拥有公共厕所 / 座	9.66	2	
	生态状况	森林覆盖率 / %	2.76	15	25.06
		人均水资源量 /（立方米 / 人）	5.23	13	
		人均公园绿地面积 /（平方米 / 人）	4.88	14	
		环境污染治理投资总额 / 亿元	5.59	10	
		无害化处理厂数 / 座	6.60	8	

生态经济学结合了生态学和经济学理论，以人类的经济活动为中心，借助科学手段，研究人类经济活动对生态系统的影响和作用，解决人类经济活动与自然生态之间的协调问题。[178] 因此，它具有整体性、前瞻性、交叉性、综合性的特点。从表 7.5 我们可以看出，三个子系统中，社会进步子系统在三者中的权重最高，然后是经济发展和生态状况子系统。生态经济学研究的是人类经济活动与自

然生态之间的关系，在经济学的观点中，资源是有限的或者稀缺的，因此不可能实现永续利用，而人们追求经济的快速发展必然是要消耗资源的，自然资源的消耗会对环境造成危害。在生态经济评价的体系中，生态状况的好坏是经济发展的决定性因素，即使实现了经济的快速发展，但经济发展带来的环境问题必然使人们付出巨大的代价。因此，经济的发展要在保护生态的基础上，社会的进步是经济发展的结果。同时，社会进步必然会提高人们的环保意识，加强对生态的保护，这样便又作用于生态系统，如此循环，就形成了生态经济的良性循环发展。

通过表 7.6 可以看到，按照时间顺序，2017 年生态经济发展水平的评分最高，自 2008 年以来，我国生态经济取得了巨大成就，在得分上我们可以看出，截止到 2017 年，我国生态经济的得分已基本达到 2008 年的三倍的水平。

表7.6　2008—2017年间我国生态经济发展水平总评分与环比增长

时　间	总评分	环比增长 /（%）
2017 年	145 192.001 8	8.67
2016 年	133 603.952 6	8.14
2015 年	123 551.468 6	8.33
2014 年	114 050.586 6	10.79
2013 年	102 942.613 4	12.93
2012 年	91 158.691 36	13.89
2011 年	80 041.537 16	18.83
2010 年	67 357.427 24	15.56
2009 年	58 286.498 38	14.54
2008 年	50 887.603 69	

为了对比每年的变化，我们进行了环比分析，发现 2008 年到 2011 年是一个高速正增长阶段，从 2011 年到 2012 年是一个断崖式的降速阶段。为了探究 2011 年生态经济增速骤降的原因，我们对 2011 年各个系统指标做了环比分析。

从表 7.7 至表 7.9 可以看出，农村居民消费水平、第三产业对 GDP 的贡献率、GDP、城镇居民消费水平、环境污染治理投资总额、社会消费品零售总额、人均水资源量这七个指标下降幅度依次递减。其中，经济发展子系统中的指标降速最大，因此造成 2011 年生态经济得分增速骤降的主要原因是经济因素，社会进步子系统的降速是次要原因。

表7.7 2011、2012年经济发展子系统指标环比分析

	时　间	GDP/亿元	全社会固定资产投资/亿元	社会消费品零售总额/亿元	第二产业对GDP的贡献率/%	第三产业对GDP的贡献率/%
经济发展	2012 年	10.38	20.29	14.54	−3.85	2.51
	2011 年	18.40	23.76	18.48	−9.41	12.56
	环比增长/%	−8.02	−3.47	−3.93	5.56	−10.06

表7.8 2011、2012年社会进步子系统指标环比分析

	时　间	城市人口密度/（人/平方公里）	农村居民消费水平/元	城镇居民消费水平/元	城市建设用地面积/（平方千米）	每万人拥有公共厕所/座
社会进步	2012 年	3.55	12.56	9.79	9.29	−2.03
	2011 年	0.86	25.22	16.42	5.29	−2.32
	环比增长/%	2.69	−12.66	−6.63	4.01	0.28

表7.9 2011、2012年生态状况子系统指标环比分析

	时　间	森林覆盖率/%	人均水资源量/（立方米/人）	人均公园绿地面积/（平方米/人）	环境污染治理投资总额/亿元	无害化处理厂数/座
生态状况	2012 年	0.00	3.90	16.02	3.55	26.36
	2011 年	0.00	5.55	−6.54	7.80	−25.11
	环比增长/%	0.00	−1.65	22.56	−4.26	51.47

7.5 对策建议

根据以上分析，给出以下几点推动生态经济发展的建议：

7.5.1 转变经济发展方式

通过分析 2011 年生态经济增速骤降的原因我们发现，主要是第三产业对 GDP 的贡献率和 GDP 的增长速度降低使经济发展子系统对整个生态经济的评价呈现负贡献。GDP 和第三产业对 GDP 的贡献率既说明了增量的重要性，又说明了结构的重要性，经济增长需要投资、出口、消费三驾马车同时发力。长期以来，中国的经济增长过分依赖投资和出口，2011 年后，第三次经济革新带来的全球经济增长效应已经结束，全球经济发展缓慢，发达国家的进口需求减弱。首先，中国的出口量占世界出口量的比例已经基本呈现出出口大国的特征，Guo 和 N'Diaye [179] 在《中国的出口导向型增长是可持续的吗》一文中指出，截至 2009 年，中国出口份额已占世界市场份额的 10%，因此中国的出口基本达到上限，出口规模无法实现快速增长。其次，我国投资增速开始放缓。目前，中国的工业化已有很大的发展，中国工业化已进入缓速发展时期，工业化的发展空间在缩小，通过提高工业化程度推动投资的模式已不适用于中国当前的情况。另外，当前中国投资效率出现恶化趋势，低投资效率打击了市场的投资热情。同时，"出口—投资"联动机制可以扩大投资收益，但目前出口增速减弱，投资效率恶化使投资收益降低，从而抑制了投资需求。所以，我们应该调整产业结构，大力发展服务业，通过刺激内需，让消费拉动经济增长。

7.5.2 推动城乡经济同步发展

首先，经过国家城镇化建设，虽然农村的基本条件有所改善，但是部分地区仍然存在着一些老问题，如虽然国家提供财政补贴建设美丽乡村，但是目前部分地区仍然面临基础设施薄弱、交通不便等问题，农民生产还是存在靠天吃饭的现象。其次，思想观念落后，"等、靠、要"思想严重。由于农村属于较封闭的环境，新观念、新思想对农村居民影响不够，农民的生产方式、生产理念仍然建立在自给自足的基础上，大规模、市场化生产技术难以普及。再次，农业现代化水平低，生产效率不高，由于农村人均田地少，再加上收入低，导致引进机械用于生产的投入产出比不高，这造成农民收入增长滞后，增收难度大。因此，需要坚持城市与乡村的同步发展，增强城乡发展的整体性、协调性、同步性。

7.5.3　坚持经济与生态协调发展

长期粗放式经济增长模式对生态环境产生了极大的危害，造成气候变化加剧、极端天气出现频繁、生物多样性减少、土地荒漠化、水污染、大气污染等一系列问题，而这些生态危机又会对人类的生产生活造成极大的影响，人类不得不付出经济成本去进行治理。因此，在发展经济的同时应该兼顾生态保护，尽可能以不牺牲生态环境为前提进行经济生产。只有兼顾经济和生态两方面的效益，才可能实现生态经济的发展，两者缺一不可。

7.6　小　结

本章通过研究生态经济学基本理论和生态经济发展实践，从可持续化发展视角出发，结合中国生态经济发展的现实特征，依据建立生态经济评价指标体系的基本原则，构建能够综合反映中国生态经济发展水平的经济发展、社会进步、生态状况三个子系统，选取 GDP、全社会固定资产投资、社会消费品零售总额等 15个三级指标，构建了生态经济发展水平评价指标体系。通过访问国家统计局官网，获取中国 2008 年至 2017 年的相关统计数据，通过实证分析和纵向对比，发现这10 年间中国生态经济发展速度有逐渐减缓的趋势，并分析了造成生态经济发展速度减缓的影响因素。结合我国 10 年来生态经济发展中存在的问题，提出转变经济发展方式、推动城乡经济同步发展、坚持经济与生态协调发展等三条适合我国生态经济可持续发展的路径。通过相关研究和分析，对我国生态经济发展做出较为客观的评价和总结，并为未来的发展提供建设性建议。

21 世纪是经济可持续发展的世纪，生态经济包含了生态和经济的思想理念，两者有机结合可以协调好经济发展与生态系统之间的矛盾。工业革命后，随着生产技术的革新，人类过量的生产和消费活动对地球生态环境造成了严重危害，引发人类生存危机。生态经济追求以生态环境零代价或轻微代价实现经济发展，可持续发展是生态经济的思想核心。发展生态经济既是我国转变经济发展方式的关键举措，又是实现我国供给侧结构性改革和经济转型升级的客观要求，可以帮助我国以一个崭新的、良好的形象加入世界可持续发展浪潮，增强我国的经济自信和综合国力，提升我国的国际地位和民族自豪感。

第8章 节能减排绩效评价与改进策略研究

近年来，全国范围内的雾霾天气、极端天气的出现明确表明了自然环境的恶化，节能减排已成为人类刻不容缓的历史责任。

随着2015年1月1日新《中华人民共和国环境保护法》的正式实施，传统"高能耗、高污染、高排放"的粗放发展方式将难以为继。各地方政府部门极度关注节能减排的工作，强调绿色发展，走低碳经济之路，建设资源节约型、环境友好型社会，为达到"调结构，促升级"的战略目标，出台一批环保政策，"倒逼"企业加大节能减排投资力度。但是，相关企业缺乏有效的评价依据，难以准确判断节能减排的成效，无法做出科学合理的投资决策。地方政府部门面对众多高排放部门，缺乏有效的判别手段，无法有效监督。科学评价和提升节能减排绩效是目前各级政府贯彻落实"十三五"规划，促进"生态文明发展"的重大理论和现实问题。因此，完善区域节能减排绩效评价，提高节能减排的投资效率，改善节能减排的社会福利，是各利益相关者都要面临的关键问题。借鉴已有节能减排绩效与社会福利评价指标研究成果，从社会福利最大化视角选取绩效指标，将社会福利指标纳入绩效评价体系，并构建综合评价方法，结合地方实际情况进行相关实证研究，提出提升区域节能减排综合效率、有利于地方经济绿色发展的政策建议。

在高能耗行业中，纺织业是一个重要的代表，受整体工业水平的限制，纺织业尚未完全摆脱高能耗、高排放及高污染的状态，面临节能减排和转型升级的双重压力。碳足迹是评价产品生产过程中碳排放量的一种核算方法，已成为全球生产制造低碳化相关研究领域的重点。我们迫切需要找到有效控制纺织业碳足迹的路径和方法，促使纺织业可持续发展，并有效推进低碳社会建设，也为其他高耗能行业在碳排放方面的研究提供一定的借鉴，为各地区各政府的节能减排提供对策建议。

8.1　相关研究述评

8.1.1　从不同层面分析节能减排绩效评价的研究现状

随着我国生态文明建设进程的推进，学者在节能减排绩效评价方面进行了一系列有益的尝试，其中包括于鹏飞等（2010）利用数据包络分析对国内各地区的节能减排效果进行了评价；陈一萍（2010）利用密切值法研究了我国节能减排的现状与不足；Price 等（2011）通过特定的节能减排政策和项目分析来评估"十一五"期间我国节能减排取得的成就。在省域层面，何伟等（2010，2011）利用"节能绩效—减排绩效"关系图以及节能绩效、减排绩效与经济效益三者的协调关系，对天津市各个区县的节能减排绩效及其协调性进行了评价；张明等（2011）通过能流图对山东省各个环节的能源利用效率进行了评价；饶清华等（2013）通过熵权法和多目标决策综合评价模型对福建省的节能减排成效进行了评价。在产业层面，Tanaka（2012）通过对比研究分析了欧盟和日本钢铁企业的节能减排状况；Hasanbeigi 等（2013）通过一种自下而上的模型评估了中国钢铁企业的节能状况和减排潜力；王世进（2013）借鉴平衡计分卡思想，在明确节能减排绩效评价内涵的前提下，为企业设计出一套基于节能减排视角的战略绩效评价体系；李宁（2015）从能源消耗、污染物排放和污染物综合处理三个方面对山东省2003—2012 年工业节能减排绩效进行了评价，提出了山东省工业节能减排绩效提升的重点领域及措施。以上文献已经对节能减排绩效评价问题进行了多层面的研究，然而伴随区域节能减排指标结构的复杂性及多指标性程度的提高，如何更加有效地进行节能减排评价有待于进一步研究。

8.1.2　从不同视角分析节能减排绩效评价的研究现状

针对节能减排绩效评价问题，一些学者从财务评价视角开展了相关研究。张岩等（2012）从低碳能源消耗和产出、低碳消费和低碳管理三个企业财务维度选取量化指标，构建电力企业低碳绩效评价指标体系。财务评价方法只关注环境项目投资的经济效益，属于项目的经济评价，指标覆盖不全面，因此不能作为项目投资人战略投资决策的依据。还有一些学者运用综合评价方法对环境项目开展了研究：Prato（2007）强调项目评价时应该区分财务效益和生态效益，采用先验模型与后验模型对生态服务项目进行综合评价；Harele 等（2008）采用数据包络分析

（DEA）的方法进行研发项目的环境绩效评价；陈素琴等（2011）结合化工企业"节能减排"投资绩效评价的要求和原则，归纳了节能效果、减排治污效果、经济效益和社会效益这四类评价指标；胡芳等（2012）根据公共工程投资项目在低碳经济模式下进行绩效评价的主要特点，选取项目投入、项目过程、项目产出与项目影响这四类指标，并结合灰色关联分析方法、模糊综合评价法及逐步判别分析法构建了投资绩效评价模型；李林等（2012）结合逻辑框架法从项目投入、产出、直接影响和间接影响四个方面构建公共工程项目低碳绩效评价指标体系；王冲（2014）构建了低碳经济模式下的公共投资工程绩效评价指标体系，包括财务、社会公众、内部管理及人力培养这四个方面的指标，并提出了公共投资工程绩效优化的对策。总之，在绩效指标的选取上都没有突破经济效益和环境效益两个方面的限制，缺少从社会福利最大化角度进行考虑。

综上所述，现有关于节能减排绩效评价的研究文献仍然缺少对区域节能减排指标的考察，而且评价指标受经济效益和环境效益两个方面的限制，也缺少实证研究。由此可见，现有研究虽然在环境绩效评价指标和评价方法等方面已经取得不少成果，但从社会福利最大化视角选取绩效指标，将社会公众参与纳入绩效评价体系，并结合区域实际情况进行相关实证研究，提出有利于地方经济可持续发展、提升居民幸福感的对策值得进一步深入探究。

8.2　节能减排绩效评价指标体系

8.2.1　构建节能减排绩效评价指标体系的基本原则

构建节能减排绩效评价指标体系的原则是构建整个评价体系的前提和基础，为科学选取相关绩效指标提供方向。在遵循以下原则的基础上，评价指标的选取将更加全面有效、科学合理。

1. 系统性原则

系统性原则要求选取的指标之间具有逻辑性，能够从不同的层次反应节能减排的具体实施效果。

2. 科学性原则

科学性原则要求选取的指标具有科学性，纳入指标体系中的各指标必须有针对性和客观性。在全方位审视节能减排效率生成要素的基础上，指标体系的选取不能相互重叠、矛盾。

3. 典型性原则

典型性原则要求指标的选取具有代表性，能够客观、全面地反映一定时间区域内节能减排的效果，选取的指标尽可能与节能减排的影响相关。

4. 可测性原则

可测性原则要求在符合系统性原则、典型性原则的基础上，尽可能地选择可测性强的指标，充分考虑指标数据获取的难易程度，便于进一步进行数学运算和分析。

8.2.2 节能减排绩效评价指标体系的构建

"节能减排"的本质是降低能源消耗和减少污染物排放，绍兴市政府制定的"十三五"规划中也给出了约束性指标。根据已有研究，学者在进行节能减排效率评价时，选择的投入和产出指标都各不相同。比如，于鹏飞选择能源消费总量、用水总量、工业废水排放量、工业 SO_2 排放量作为投入指标，将 GDP、工业废水排放达标量、工业 SO_2 削减量作为产出指标评估了国内各地区的节能减排效率。李霞将能源节约和污染减排作为并列一级指标，将能耗、能耗降低率、水耗、水耗降低率、温室气体排放、主要污染物排放、三废处理与污染治理作为二级指标，对我国不同省域节能减排综合绩效进行实证分析。这些研究在绩效指标的选取上都没有突破经济效益和环境效益两个方面的限制，缺少从社会福利最大化角度进行考虑。本章在充分吸取已有成果的基础上，构建了社会福利视角下节能减排绩效评价指标体系（表 8.1）。

表8.1 节能减排绩效评价指标体系

投入指标			产出指标		
一级指标	二级指标	单位	一级指标	二级指标	单位
能源消耗强度	万元 GDP 能耗	吨标准煤	经济效益	经济总量 GDP	亿元
环境容量资源	工业 SO_2 排放量	吨	生态环境	工业 SO_2 减排量	吨
	工业废气排放量	万标立方米	社会福利	人均可支配收入	元

1. 投入指标

本书将能源、经济、环境和社会作为一个系统，选择能源消耗强度和环境容量资源的使用作为投入指标，这些指标表示在经济发展活动中投入的能源和环境资源量，主要是各类资源消耗的指标，包括能源消耗强度（万元 GDP 能耗）、环境容量（工业 SO_2 排放量、工业废气排放量）等。

2. 产出指标

产出指标主要包括经济效益、生态环境和社会福利等指标，以反映经济发展程度、减排成效和居民生活水平，具体对应经济总量 GDP、工业 SO_2 减排量、居民人均可支配收入等指标。福利经济学发展至今，已有许多研究者发展了多种度量福利水平的指标，主要包括三类：一是 GDP 及在其基础上改进的可持续福利指标；二是综合性福利指数或评价函数；三是人类发展指数。其中，GDP 及其改进型指标在本质上都是市场性的，综合性福利指数的主观性太强，而人类发展指数作为一个综合指标，可以从健康、教育和生活水平三个维度反映人类发展水平，且该指数只包括有限的变量，便于计算和分析，由于健康、教育受政策等其他因素的影响较多，所以本书仅将生活水平作为衡量社会福利的指标，并用人均可支配收入数据代入评估。

8.3 节能减排绩效的实证分析——浙江省绍兴市的数据

8.3.1 数据来源

本章的经济发展指标、能源消耗数据及各类排放的原始数据均来自 2007—2016 年的《绍兴市统计年鉴》和绍兴市环境状况公报，个别数据由于年鉴缺失或者统计口径不同无法直接应用，采取线性插值法进行估算补齐（表 8.2）。非直接指标数据的处理使用 Excel 2007 进行计算，节能减排绩效分析使用 MAXDEA6.0 进行处理。

表8.2　2007—2016年统计数据

年　份	投入指标			产出指标		
	万元 GDP 能耗 / 吨标准煤	工业 SO$_2$ 排放量 / 吨	工业废气排放量 / 万标立方米	经济总量 GDP/ 亿元	工业 SO$_2$ 减排量 / 吨	人均可支配收入 / 元
2007	0.226 6	68 950	16 264 906	1 971.00	2 206	21 717
2008	0.187 9	61 490	16 095 559	2 223.95	7 460	23 509
2009	0.179 0	57 880	14 931 375	2 375.46	3 610	25 418
2010	0.148 2	54 882	14 898 163	2 782.74	2 998	30 164
2011	0.129 4	60 425	14 803 707	3 291.23	−5 543	24 926
2012	0.121 2	59 280	14 312 029	3 620.10	1 145	31 368
2013	0.116 3	59 635	14 202 865	3 967.29	−355	32181
2014	0.110 5	64 935	17 266 621	4 265.83	−5 300	35 335
2015	0.117 7	59 980	16 453 662	4 466.65	4 955	38 389
2016	0.112 5	55 025	15 640 703	4 710.19	4 955	41 506

8.3.2　节能减排效率分析

　　根据表 8.3 可得，2007—2016 年绍兴市节能减排综合效率均值为 0.869，处于均值以下的年份有 5 年，仅 2008 年和 2016 年达到 DEA 有效。这表明绍兴市节能减排效率水平整体较低，但从节能减排效率的数值分布看，不同年份之间的效率差距并不大，效率水平呈波动递增趋势。其中，在 DEA 效率最高的是 2008 年，受国家政策的影响，政府对节能减排高度重视，出台了一系列政策，加大了节能减排的力度，监督确保节能减排取得有效进展。

表8.3　2007—2016年绍兴市节能减排DEA模型效率结果

年　份	综合效率	纯技术效率	规模效率	规模效应
2007	0.645	0.896	0.720	递增
2008	1.000	1.000	1.000	不变
2009	0.829	1.000	0.829	递增
2010	0.826	1.000	0.826	递增
2011	0.738	0.970	0.761	递增
2012	0.840	1.000	0.840	递增
2013	0.928	1.000	0.928	递增
2014	0.930	1.000	0.930	递增
2015	0.958	0.958	1.000	不变
2016	1.000	1.000	1.000	不变
均值	0.869	0.982	0.883	

从纯技术效率角度分析，共有七个年份的节能减排纯技术效率达到了DEA有效，整体均值较高，说明大部分时间绍兴市节能减排所采取的手段和方法是有效的。但是，在节能减排效率较低的年份，如2011年，受经济危机的波及，绍兴市人均居民可支配收入较大幅度下降，同时绍兴市工业二氧化硫排放量与往年相比不降反升，政府对燃煤燃烧、工业废气排放的监管有所欠缺。

再从节能减排规模效率的角度看，共七个年份未达到有效规模，并都处于规模递增阶段，说明绍兴市节能减排的执行力度还不够，不足以产生规模效应。

从投入产出目标值看（表8.4），绍兴市在2007—2016年，三个产出指标原来的实际值与运算得到的目标值大致接近，有少数几年的产出目标值比实际值略大，而三个投入指标的实际值都与投入目标值相差甚远，各年的产出目标皆比实际值小很多，说明创造等量GDP所需能耗较多，废气、二氧化硫污染物排放量较大。要想到达计算得出的更理想的状态，需要在保持经济总量GDP、工业 SO_2 减少排放量、全体居民人均可支配收入基本不变的情况下，减小对万元GDP能耗、工业 SO_2 排放量及工业废气排放总量的投入量，企业需要加强对污染物排放的控制，研发更先进的技术，以减少能耗与污染物的排放。

表8.4 投入产出目标值

年 份	投入目标			产出目标		
	万元 GDP 能耗 / 吨标准煤	工业 SO₂ 排放量 / 吨	工业废气排放量 / 万标立方米	经济总量 GDP/ 亿元	工业 SO₂ 减排量 / 吨	人均可支配收入 / 元
2007	0.099	38 485	10 497 256	2 322.25	2 206	21 717
2008	0.188	61 490	16 095 559	2 222.95	7 460	23 509
2009	0.117	45 402	12 371 737	2 712.75	3 610	25 418
2010	0.098	43 906	12 301 619	3 365.60	2 998	30 164
2011	0.079	38 449	10 928 891	3 291.23	−5 543	29 002
2012	0.087	42 290	12 020 939	3 620.10	2 525	31 900
2013	0.095	46 346	13 173 822	3 967.29	3 299	34 960
2014	0.102	49 834	14 165 157	4 265.83	3 965	37 590
2015	0.113	55 025	15 640 703	4 710.19	4 955	41 506
2016	0.113	55 025	15 640 703	4 710.19	4 955	41 506

8.3.3 结论与政策建议

1. 主要结论

（1）产业结构没有根本改观

绍兴市产业结构中工业比重偏高，第三产业比重偏低。特别需要关注的是，产业结构没有朝着有利于节能减排的方向变动。近年来，绍兴市虽然淘汰了一大批落后产能，但也相继建设了一批纺织、化工、建材等项目，势必会增加能源消耗和废物排放量，从而增大节能减排的压力。

（2）节能减排技术转化需要时间

节能降耗一直是技术开发和技术改造的重点，当前节能减排绩效是在粗放经营、浪费较大的基础上取得的，技术进步对节能减排的贡献率较低，整体技术水平比较落后。技术进步转化为节能减排绩效需要一个过程，不可能立竿见影，一蹴而就。

（3）政策和投资具有滞后效应

虽然政府将节能减排提升到全新高度，但是政策的实施效果及节能减排的投资效应存在滞后期。一些投资还没有立刻起到节能减排的作用。能源消耗总量的持续增长是重点污染物排放总量增加的主要原因。

2. 政策建议

根据以上分析可知，节能减排的评价指标体系客观地反映了绍兴市节能减排实际绩效及其历年变化。针对如何有效提升绍兴节能减排绩效，提出以下政策建议：

（1）加大节能减排创新投入，提高能源利用效率。鼓励企业采纳节能减排新技术，同时加强与技术发达国家的合作，加快引进成熟的节能技术，增强绍兴节能减排的技术实力，持续提高节能减排绩效。

（2）大力开发新能源和可再生能源，优化能源结构，以降低能源消耗，缓解污染物排放压力，推动绍兴节能减排战略的实施和节能减排目标的实现。

（3）加强对高耗能、高排放产业的资源整合，淘汰高耗能、高污染的落后生产力。优化对外贸易结构，完善能效标准，加快产品的升级换代，大力发展高新技术产业和现代服务业等绿色产业。

此外，在国家的政策上，区域节能减排作为我国发展生态经济的重要途径，已经被提升到国家战略的高度。然而，区域节能减排涉及公众社会福利，需要接受公众的监督。我国公民的整体素质正在不断提升，随着生态经济观念通过互联网等方式的不断传播，节约资源、合理利用资源和生态环境保护的观念被人们普遍接受并推崇，公众节能减排的自觉性普遍提高，节能减排的舆论监督能力也在不断增强，因此需要继续加大对公众参与节能减排的监督与实践的宣传力度。

8.4 基于投入产出分析法的碳减排路径研究——以浙江纺织行业为例

近年来，过量碳排放导致的全球变暖使人类的生存与发展面临严峻的挑战。浙江省各级政府为达到"调结构，促升级"的供给侧改革战略目标，出台了一批环保政策"倒逼"企业加大节能减排和转型升级的力度。纺织业作为浙江省的支柱产业，在浙江经济发展中占有重要地位。受整体工业水平的限制，浙江纺织业尚未完全摆脱高能耗、高排放及高污染的状态，面临节能减排和转型升级的双重压力。迫切需要找到有效控制纺织业碳足迹的路径和方法，促使纺织业可持续发展，并有效推进低碳社会建设。当前，已有研究机构使用"碳足迹"方法测量温室气体排放量。"碳足迹"的核算方法主要包括生命周期评价（LCA）、投入产出分析（IOA）等。其中，投入产出分析是从宏观角度核算整体系统碳排放量的状况，具有人力、物力资源耗费少等优点。本节的研究对象为浙江纺织业这一宏观系统，探索其碳减排和产业升级的路径，受限于数据资源，故采用投入产出分析方法开展相关研究。

8.4.1　投入产出法研究方法与数据来源

1. 投入产出法

根据现有文献，关于碳足迹的定义[180-182]有两种观点：第一种是根据产品生命周期核算产品或服务在生命周期内排放的温室气体；第二种是从化石燃料和环境承载能力的角度，量化并评价化石燃料燃烧产生的 CO_2 排放量或环境承载能力。从当前的碳足迹应用研究看，第一种为主流观念。在碳足迹核算结果量化方面，也有质量单位和当量单位的区分，即 CO_2 或温室气体的质量或当量。

投入产出分析用于计算各个部门为终端用户生产产品或提供服务而在整个生产链上引起的温室气体排放量，计算公式为

$$B = b * (I - A)^{-1} * Y \tag{①}$$

其中，B 为各部门为满足最终需求 Y 而引起的温室气体排放量，包括直接排放和间接排放；b 为直接排放系数矩阵，其元素代表某部门每单位货币产出直接排放的温室气体量；I 为单位矩阵；A 为直接消耗系数矩阵；Y 为最终需求向量。根据碳足迹的定义及相关核算方法[183]，构建纺织业碳足迹总量计算模型为：

$$C = \sum_{i=1}^{n} E_i Q_{C_i}, i = 1,2,3,\cdots, n \tag{②}$$

式中，C 表示碳足迹的计算总量；E_i 表示第 i 种能源的消耗量；Q_{C_i} 表示第 i 种能源的碳排放系数。

2. 数据来源

选取的产出数据矩阵包括工业总产值、纱、毛线、丝、布、呢绒、丝织品总产量数据，可以表征浙江纺织业的"产出"状况。数据主要来源于《浙江省统计年鉴》❶ 2006—2015 年的数据，纺织产业"碳排放总量"数据由投入产出法计算得出。为进

---

❶ 浙江省统计局.浙江统计年鉴 [M].北京：中国统计出版社,2006—2015.

一步分析浙江纺织产业碳排放与各因素之间的关系，分别用 X_1，X_2，…，X_7 表示浙江省纺织产业工业总产值、纱、毛线（绒线）、丝、布、呢绒、丝织品的产量，用 Y 表示纺织业碳排放总量（见表8.5），可用于建立多元线性回归模型。

表8.5　2006—2015浙江省纺织产业投入产出数据

年　份	工业总产值/亿元 X_1	纱/万吨 X_2	毛线（绒线）/万吨 X_3	丝/万吨 X_4	布/亿米 X_5	呢绒/亿米 X_6	丝织品/亿米 X_7	碳排放总量/亿吨 Y
2006	3 473.57	115.83	1.62	5.08	97.47	0.53	52.67	0.424
2007	4 190.08	146.46	1.71	6.6	114.88	0.49	55.72	0.483
2008	4 482.06	166.61	2.4	7.32	124.51	0.98	55.4	0.527
2009	4 691.54	195.62	2.13	1.64	139.22	1.15	3.28	0.545
2010	5 574.66	214.87	2.44	1.44	158.99	1.06	3.29	0.592
2011	5 805.65	198.77	2.65	1.52	146.13	0.63	1.98	0.592
2012	5 416.9	231.23	3.53	1.45	143.22	0.6	2.08	0.591
2013	5 855 9	239.1	4.09	1.43	153.47	0.42	2.2	0.621
2014	6 037.5	229.98	4.29	1.55	156.25	0.85	2.16	0.629
2015	6 026.5	220.04	3.62	1.6	152.76	0.46	2.15	0.648

8.4.2　浙江纺织业碳排放的主要来源分析

1. 多元线性回归分析

在多元线性回归分析之前，由于数据单位不一致，需要对数据进行标准化处理。本书采用SPSS21.0统计分析软件，所获得结果如表8.6所示。

表8.6　模型汇总

模　型	R（拟合优度）	R^2（决定系数）	R^2（调整系数）	标准估计的误差
1	0.995[a]	0.991	0.972	0.011 696

注：a表示预测变量（常量），包括丝织品、呢绒、毛线、布、纱、丝。

调整系数 R^2=0.972，说明拟合优度较高，不能被解释的变量较少，即各数据之间的关系可以被模型解释。

表8.7 Anova^a

模　型		平方和	df（自由度）	均方	F（F检验统计量）	Sig.（显著性）
1	回归	0.044	6	0.007	53.707	0.004^b
	残差	0.000	3	0.000	—	—
	总计	0.044	9	—	—	—

注：a表示因变量，指碳足迹；b表示预测变量（常量），包括丝织品、呢绒、毛线、布、纱、丝。

$Sig.$=0.004< 显著性水平 0.05，此模型可通过假设检验，系数不同时为 0，证明被解释变量和全体解释变量线性关系显著，可建立线性方程。即该碳足迹计算模型及相关数据证明了模型的可行性，产出与投入（碳排放）之间存在显著的线性关系。

表8.8 系数^a

模　型		非标准化系数		标准系数	t（回归参数的显著性检验值）	Sig.（显著性）
		B（回归系数）	标准误差	试用版		
1	（常量）	0.274	0.090	—	3.028	0.056
	纱	−0.001	0.001	−0.447	−1.425	0.249
	毛线	0.025	0.011	0.344	2.350	0.100
	丝	0.036	0.014	1.206	2.623	0.079
	布	0.003	0.001	0.773	3.585	0.037
	呢绒	−0.042	0.019	−0.160	−2.206	0.115
	丝织品	−0.004	0.002	−1.524	−2.467	0.090

注：a表示因变量，指碳足迹。

通过观察各自变量的系数可以发现，只有"布"产量系数的 Sig. 值小于 0.05，表明存在显著相关外，其他所得系数并不能呈现其与结果之间的显著相关关系。在本模型中，如果自变量系数得到优化，就可以清晰地看出各类型纺织品对碳足迹总量的"贡献"，将有助于提出纺织业的优化建议。

2. 基于货币投入碳系数的改进模型

（1）货币投入碳系数的概念与估算

上述回归模型通过了假设性检验，但自变量系数并未得到满意的结果，究其原因，极有可能是在碳足迹模型中未考虑除能源外"其他资源投资"这一因素。一件产品的生命周期中包括生产资料（原材料）、能源、设备、人力等的投入，每项投入都将产生对应的碳排放，能源消耗只是产生碳排放的来源之一，但并不是唯一来源，因此在模型中应该将所有的投入计算在内。本书提出一种完善该模型的方法，即增加"其他资源投资"为表征"投入"部分。这就需要一个新的概念，即生产过程中与货币投入等价的一切其他资源的投入（包括资金投入、固定资产投入等）关联的碳排放系数，本书称之为"货币碳排放系数 C（货币）"，其单位为"质量单位／货币单位"。

基于上面的分析，前述碳足迹核算模型应修改为

$$C=\sum_{i=1}^{n}E_iQ_{C_i}+MC, \quad i=1,2,3, \quad ,n$$

其中，M 在我们所获得的数据中等价为"固定资产投资"。

基于现有的数据，通过 SPSS 软件，在对碳足迹总量进行重新计算后，获得相应的 $Sig.$ 值。在模型已经通过假设验证的前提下，可以将 $Sig.<0.05$ 作为目标精确度。采取插值法评估 C（货币）的数值。先采用 $10-x$ 评估 C（货币）的数值级别，再通过 $Sig.$ 的值的变化趋势，不断缩小区间，以获得目标精确度的系数。

（2）引入货币投入碳系数的意义

该系数标志着在一定生产水平（包括技术水平、管理水平、策略水平等）下企业生产的经济总额在很大程度上表征了该企业的碳排放总额。当任何一项影响到碳足迹的因素变化时，如采用了更先进的生产技术工艺，即提升了技术水平，在相同的企业产量下，势必会减少相关投入，就会相应地减少碳排放，此时该系数将不再稳定。在宏观角度下，其稳定性可判断整体行业的整个产业链条是否发生了改进。该产业链条并不只是包含生产制造部分，还包含销售的环节，即当销售策略发生重大改进时，如线下多级销售的模式发展为线上电商直销模式，也将影响该系数的稳定性。

3. 模型自变量（产出）系数分析

（1）自变量系数的含义

在本书更正模型后，该模型通过假设检验，可以构建线性方程，将碳足迹命

名为 Y，将纱、毛线、丝、布、呢绒、丝织品命名为 X_1、X_2、X_3、X_4、X_5、X_6，得出方程：

$$Y=0.274-0.001X_1+0.025X_2+0.036X_3+0.003X_4-0.042X_5-0.004X_6$$

表8.9　系数[a]

模　型		非标准化系数		标准系数	t	$Sig.$
		B	标准误差	试用版		
1	（常量）	0.274	0.090	–	3.028	0.056
	纱	−0.01	0.001	−0.447	−1.425	0.249
	毛线	0.025	0.011	0.344	2.350	0.100
	丝	0.036	0.014	1.206	2.623	0.079
1	布	0.003	0.001	0.773	3.585	0.037
	呢绒	−0.042	0.019	−0.160	−2.206	0.115
	丝织品	−0.004	0.002	−1.524	−2.467	0.090

注：a 表示因变量，指碳足迹。

根据构建的方程可以看出，纱、呢绒、丝织品这三个变量的系数均为负数，分别为 −0.01、−0.042、−0.004，也就意味着这三个自变量的变化对碳足迹的变化是呈负相关的。而毛线、丝、布这三个变量系数分别为 0.025、0.036、0.003，对碳的总排放量是正相关的。其中，丝对碳排放总量的影响最大，而呢绒对碳足迹的影响最小。虽然自变量中只有布的系数通过了假设检验，但是此方程仍然可以建立，并且通过系数观察自变量的产量对碳的总排放量的影响。

（2）自变量——纺织类产品产量分析及意义

根据构建的方程可以看出，毛线和丝对碳排放总量具有较大的贡献，每增加一个单位分别增加 0.025 吨和 0.036 吨的碳排放量。布的系数为 0.003，每增加一个单位，碳排放增加 0.003 吨。以上三个变量系数均大于 0，对碳排放均有正向影响。

纺织的前后工序较多，如棉纺厂的传统工序有清棉、梳棉、并条、粗纱、细纱、络筒、并线、拈线等，毛纺厂的工序更多一些。

在电源能耗方面，大中型棉纺织厂、化纤纺织厂的织造车间少则有几百台、多则有几千台织机；纺纱车间少则有近百台、多则有 200 ～ 300 台细纱机。布是浙江纺织业中产量较大、碳排放也较大的细分产业。毛线在生产过程中对电的耗能较大，所以对碳排放量有较大影响。

除此之外，当前国内纺织行业的整体设备水平较为落后，手工操作占有很大比重，纺织业属于典型的劳动密集型行业。一个纺织厂通常配备几百至几千名职工，尤其是棉纺织厂相对更多一些。纺织厂的人数基本上与其装备的自动化程度成反比，化纤纺织厂因自动化程度相对较高，配置职工人数相对较少。纺织业是具有代表性的劳动密集型产业，人工方面的碳排放投入也不可忽视。

就成本投入而言，由于国内劳动力、能源的成本低，所以纺织原料在纺织企业的成本中所占比重较高，少则在50%以上，多则在80%以上。这一特点决定了纺织原料采购、储运、配用和工艺设计在纺织企业中的主要地位，更是碳排放贡献中的一个重要因素。

纱、呢绒、丝织品的系数均小于0，也就意味着这三种产品的生产与整个纺织产业碳排放总量增长呈负相关关系。近些年来，纱、呢绒、丝织品等纺织细分产业加大了对生产技艺的革新，生产中的能耗逐渐降低。

8.4.3 供给侧改革视角下浙江纺织业碳减排路径优化与政策建议

（1）发挥政府政策法规的促进作用，建立完善的淘汰机制。政府、市场应建立淘汰制度，奖励优质企业，淘汰模式落后、产业落后的企业及项目。一是制定与碳排放相关的界定标准，完善准入条件和淘汰机制，提高市场准入门槛；二是鼓励企业进行技术改造，加强政府在政策制定、资本引导方面的作用，支持企业以低碳化生产、节能减排等为技术改造目标，淘汰高能耗的技术、工艺与设备；三是加强监督惩罚力度，对企业进行及时督查，发挥相应法律法规的约束作用。

（2）鼓励企业加大技术创新与投入。基于浙江省纺织业的现状，可以从多方面加大技术创新与投入。一是鼓励并引导大中型企业建立技术研发中心，增加技术投入比例，促进新技术与新产品的研发，提升企业的科研竞争力；二是发挥政府、行业组织、产业协会等第三方作用，为大中小企业建立技术、产品、商务的交流平台，形成大带中、中带小、全面交流、全面合作的技术交流体系；三是在政府政策方面，向中小企业倾斜，强化使用新技术给企业带来的效益，对相应的项目实施资金补助、税务补贴等优惠政策；四是加强国际交流合作，实现先进技术的交流与学习，建设开放型的自主型创新体系架构。

（3）加大节能减排的力度与强度。政府应加强环保方面的立法与宣传，在纺织行业内鼓励节能降耗设备技术的制造、引进、应用与推广，大力推广节能减排的新技术、新工艺、新产品，并引进先进的管理技术，淘汰落后产能。

（4）加快产品结构调整和产业结构升级，加速产业转型。对于浙江省的纺织企业来说，加快产品结构调整和产业结构升级是非常重要的。人民币升值带来了压力，浙江的纺织企业以此为契机，通过转变经营观念，合理构建产业结构，转变促进外贸增长的方式提高国际竞争力，提高企业的抗风险能力。除了优化产业结构外，更应该注重产品的创新，注重提高产品的科技附加值。

（5）提高出口产品的国际竞争能力，开拓新市场。当前，纺织品出口仍以价格竞争为导向，价格战会造成市场混乱，不断招致反倾销案件的调查和制裁，恶化出口环境，出口数量优势也会随之消失。另外，浙江纺织品出口市场长期集中在欧美国家和以日、韩、东盟等为代表的亚洲市场，这些市场有较高的进入标准，也是贸易壁垒及反倾销最集中的地区。因此，企业应该重新定位销售市场和产品，转移出口方向，在努力稳定欧盟和美国市场的基础上，继续扩大未开发的市场，同时要针对不同的消费群体，对产品重新进行定位，以此分散单一市场风险。

8.5 小结

本章从社会福利最大化视角选取区域节能减排绩效指标，引入数据包络模型，建立以万元 GDP 能耗、工业 SO_2 排放量和工业废气排放量等为投入指标，以 GDP 总量、工业 SO_2 减排量和居民人均可支配收入等为产出指标的节能减排绩效评价体系，对绍兴市节能减排绩效进行实证研究。依据研究结果，绍兴市应加大节能减排的技术创新与推广力度，提高能源利用效率；加强对清洁能源的开发与利用，优化能源结构；加强高污染、高能耗行业的整合力度，优化对外贸易结构，进一步提升绍兴市区域节能减排绩效和公众的社会福利水平。同时，以浙江省纺织行业为例，通过获取浙江省统计局纺织业的相关数据，运用投入产出法核算浙江省纺织业的碳足迹，在修正参考模型的基础上对碳足迹核算模型进一步完善，并提出货币碳排放系数，以该系数的稳定性从侧面反映纺织业整体碳排放水平与技术水平、管理水平、策略水平发展状况的关系。从区域经济和高耗能行业两个层面分析节能减排的途径，提出节能减排的建议与对策。

当前，生态经济仍然处在研究和探索的初级阶段，生态经济发展模式还没有大规模形成，但是很多实践已经在我国逐渐展开。我国地方政府正设定节能减排目标，逐步加大实施力度，如通过建立生态工业园区和生态农业示范园，大力推广节能技术与设备，减少工农业生产环节的能源浪费与污染物排放。随着我国居民收入水平的不断提高，社会各个阶层都有了充分享受绿色健康生活的经济实力。通过提倡绿色健康消费理念，让节能减排和健康生活融入千家万户百姓的日常生活，成为人们的自觉行为。这些节能减排的实践活动让我国的生态经济发展模式选择日益丰富，为发展生态经济提供了大量宝贵的实践经验。

第 9 章　绿色信贷支持生态经济发展
效率测度与提升策略

随着经济的快速发展，全球范围的环境污染、资源耗竭等问题日益突出，生态环境问题对人类社会的可持续发展构成了严峻的挑战。传统银行信贷政策在为企业提供资金融通便利的同时加大了信贷资金成为环境潜在破坏者的风险，因此信贷政策对生态经济发展的作用和影响受到越来越多的关注。政府要求银行机构投放信贷时须考虑生态经济可持续发展问题，绿色信贷政策便应运而生。如何充分发挥绿色信贷在生态经济发展中的支撑作用成为各级政府部门绕不开的决策问题，因此需要探明绿色信贷支持与生态经济发展之间的关系内涵及效率生成机制。然而，绿色信贷政策尚处于起步阶段，评价绿色信贷支持我国生态经济发展效率水平，弄清效率影响因素，对于完善绿色信贷政策体系至关重要。本章从绿色信贷支持生态经济发展的效率测度视角，采用数据包络分析模型对我国主要商业银行绿色信贷余额投入与生态经济产出进行实证分析，通过对测度结果进行比较和原因分析，提出具有针对性的政策建议，以促进绿色信贷支持生态经济发展效率的提升，可以为经济与生态协同发展提供一定的理论指导。

9.1　相关研究述评

9.1.1　绿色信贷及其对生态经济发展影响的研究

绿色信贷源于国际公认的赤道原则（The Equator Principles），要求纳入赤道原则的商业银行制定信贷政策，对从事生态保护、新能源开发以及与低碳经济、循环经济相关的企业或机构提供贷款扶持和利率优惠；同时对高污染、高耗能企业进行信贷限制或利率惩罚，通过金融杠杆实现市场资源的"绿色配置"。然而，理论界对绿色信贷仍有不同的理解，有学者认为绿色信贷是银行将资金投入可持续发展项目而获得相应的收益。也有学者从信贷投资项目的风险角度考虑，认为绿色信贷是一种为了传递环境质量和转化环境风险的特定金融工具或金融产品，认为绿色信贷是把环境因素考虑在内的一种贷款决策。Baron 指出，绿色信贷是指将企业履行社会责任和绿色生态贡献视为核心指标评价授信对象的信贷业务类型。[184] 孙光林等认为，绿色信贷包含两层含义：一是银行通过设定信贷条件，将融资金额导入绿色技术研发和资源节约型产业，让企业更加重视环保和生态环境，坚持绿色生产，并开展绿色消费宣传，发挥信贷资金在建设可持续发展社会中的调节作用；二是强调银行在评价授信对象贷款申请时不能投机决策，避免因专注短期收益带来的经营风险，保障银行业稳定可持续发展。[185] 综上可知，绿色信贷是现代金融业可持续发展的新路径和履行社会责任的有效方式，通过绿色信贷的杠杆作用，引导资金流向生态环保领域，节约自然资源，保护生态平衡，促使社会可持续发展。

9.1.2 生态经济效率及其内涵

生态经济即在生态系统容纳体量空间里，综合利用当代理论和方法，通过优化人类劳动和经营方式，让所有资源得到充分利用，衍生出一批具有高度经济性、环境友好的产业，最终实现社会和谐共生、文化健康繁荣、生态可持续、环境优美宜居的发展目标。效率是指在给定的投入和技术等条件下，最有效地使用资源以满足人类的愿望和需要的评价方式，它常常被视作投入与产出的比率。生态经济效率这一概念是在 1990 年由巴塞尔的研究员 Schaltegger 和 Sturm 最早提出的，并在生态学、经济学及交叉学科中迅速传播。[186] 这一概念在世界可持续发展工商理事会（WBCSD）的发展下逐渐成熟，其含义是指可以按照具有竞争力的价格提供大众所需的产品与服务，并能让产品与服务在其生命周期内产生的环境污染和能源消耗的强度控制在地球生态目前已知的可承受范围。[187] 经济合作与发展组织（OECD）给出了大致相同的含义，认为生态经济效率指的是环境资源被大众用来实现自身目的的效率。欧洲环境署（EEA）将生态经济效率扩展到可持续发展概念中。由以上定义可以得出，生态经济效率正是强调了生态与经济的统一，是衡量生态与经济发展水平和质量的重要指标。[188]

9.1.3 生态经济发展效率的评价研究

近 20 年来，国际上围绕生态经济效率评价指标体系的研究不断涌现新的成果，而国内对生态经济发展测度研究起步较晚，且偏重于实证分析，指标构建多为依据国外文献的现有指标体系并结合我国国情进行调整。WBCSD 在 2000 年 6

月正式公布全球第一套生态经济效率指标的量化架构，用通式表示为生态效率＝产品与服务的价值／对环境的冲击。产品与服务的价值可以用总产量、营业额和利润率等业绩指标表示，对环境的冲击可以用总能耗、原料消耗、温室气体总排放量等环保指标表示，生态效率量化指标把业绩指标与环保指标融合在一起，促使企业用较少的生态代价换取尽可能多的业绩产出，实现高质量可持续发展。[189]国内学者诸大建等（2006）首先提出了生态效率指标是循环经济发展的合适测度。[190]匡远配（2011）将生态经济效率解释为经济输出与生态资源损耗的比值，或者产出增加值与生态资源损耗量的比值，也就是生态经济效率＝产出增加值／生态资源损耗量。[191]秦伟山等（2013）从生态制度体系、资源保障体系和生态经济体系等不同维度构建生态经济指标。[192]张煊等（2014）基于系统论视角将生态经济系统划分为生态、社会和经济三个子系统，构建基于矩阵型结构的网络数据包络分析模型对生态经济效率进行评价。[193]

综上可以发现，关于绿色信贷与生态经济发展的研究尚处于起步阶段，研究成果较少，学者的研究集中在三个层面：一是绿色信贷对生态经济发展的影响。绿色信贷支持生态经济发展的观念已经得到一些学者的认可，绿色信贷能促进生态经济的发展，然而绿色信贷支持生态经济发展的融资渠道狭窄，投放资金不足阻碍着生态经济的发展。二是生态经济发展对绿色信贷的反作用。生态经济发展中的低收益将带来绿色信贷的高风险，生态经济发展的滞后也将影响金融支持的积极性，并影响绿色信贷支持的效率。三是影响绿色信贷实施的因素与效率评价。研究者发现，政府优惠的财税政策、担保、贴息、资金奖励等举措是激励绿色信贷实施的重要外部因素，盈利性是影响商业银行实施绿色信贷的重要内部动力，而缺乏政府监督和监管机制是最重要的阻碍因素。

9.2　研究设计

9.2.1　评价指标的选取原则

1. 系统性原则

系统性原则体现为被选取指标之间存在密切的相互联系，可以从多种角度反映现阶段绿色信贷的具体实施和生态经济系统的发展状况。将分别从生态系统、经济系统和社会系统进行衡量，从而保证指标体系在全面考察生态经济系统状况的同时不产生矛盾和重复，使指标体系更加具有整体性和有效性。

2. 典型性原则

典型性原则体现为选择的指标要有特点，可以从某个侧面反映在特定时间区间内绿色信贷政策对生态经济发展的影响，能够真实地反映两者之间的内在联系。在符合系统性原则的前提下，选取的指标尽可能与绿色信贷产生的影响相关，能够实现研究目的。

3. 可测性原则

可测性原则体现为在满足系统性与典型性原则的同时，被选中的指标还需要容易测量和获得数据。在设置指标时就要充分考虑数据获得的便利性，还要求指标数据简洁明了，便于定量处理，适用于进一步的数学运算和定量分析，使建立的指标体系既能系统反映绿色信贷和生态经济发展之间的关系，又便于操作运用。

9.2.2 评价指标体系的构建

金融信贷政策控制着发放贷款的总额度，商业银行通过审核客户资料，决定对贷款申请者予以支持或者不予支持。绿色金融信贷政策鼓励商业银行对减少生态环境污染或者促进节能环保产业发展有贡献的项目提供贷款支持。因此，绿色信贷资金将会对生态经济系统运作产生影响，是投入指标。而生态经济产出包括生态系统产出和经济系统产出，生态系统产出主要考察为发展经济而付出的环境损失，将环境资源消耗和污染物排放计入成本因素，如耗水量、标准煤消耗量、二氧化碳排放量等，考虑到绿色信贷的投入会降低环境代价，要把它们转化为正向产出指标，如节水量、标准煤节约量和二氧化碳减排当量。经济系统产出意味着在投放绿色信贷支持生态经济发展时，对于经济系统创造的总的价值产出，可以采用国内生产总值作为经济系统产出指标。[194]

综上所述，本书为充分测度绿色信贷支持生态经济发展的效率，选取绿色信贷余额为投入指标，选取国内生产总值、节水量、标准煤节约量、二氧化碳减排当量为产出指标，构建绿色信贷支持生态经济发展效率的评价指标体系（图9.1）。

```
                                        ┌──────────────┐       ┌──────────────┐
                                        │  经济系统指标  │───────│  国内生产总值  │
                                        └──────────────┘       └──────────────┘
                        ┌──────────────┐
                        │ 绿色信贷支持   │                       ┌──────────────┐
┌──────────────┐        │ 生态经济发展   │                   ┌───│    节水量      │
│  绿色信贷余额  │───────▶│  的效率测度    │                   │   └──────────────┘
└──────────────┘        │               │   ┌──────────────┐ │   ┌──────────────┐
                        └──────────────┘   │  生态系统指标  │─┼───│  标准煤节约量  │
                                           └──────────────┘ │   └──────────────┘
                                                            │   ┌──────────────┐
                                                            └───│ 二氧化碳减排当量 │
                                                                └──────────────┘
```

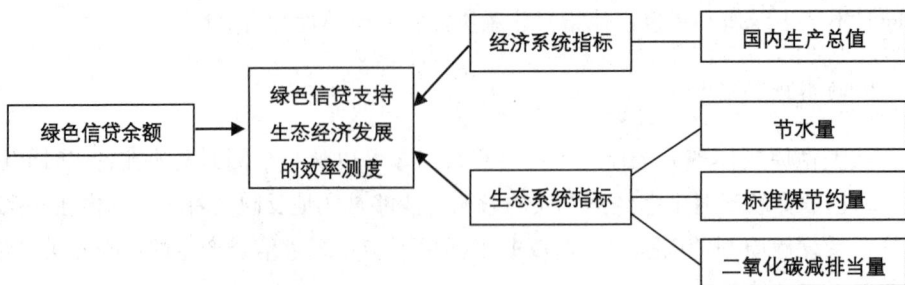

图 9.1　绿色信贷支持生态经济发展效率的评价指标体系

1. 投入指标分析

绿色信贷指标即商业银行执行绿色信贷政策所产生的各项数据，主要为向各个生产部门发放的绿色信贷余额。由于绿色信贷的衡量指标在不断改进和完善，造成了数据前后的不一致性，综合考虑各地区各个时间段的实证数据，最终选取21家主要银行业金融机构绿色信贷余额作为投入指标。银行业金融机构绿色信贷余额指的是在一定的时间内，商业银行在绿色信贷领域发放的贷款总额。选取具有代表性的21家银行业金融机构的绿色信贷余额进行统计，增加数据的真实可靠性。绿色信贷余额的增加与减少可以折射出在某个时间区间金融信贷政策对绿色信贷领域的支持力度，反映出该时间区间绿色信贷实施的真实状况。

2. 产出指标分析

产出指标系统分为生态系统与社会经济系统。生态系统是指企业取得绿色贷款后，在生产经营中对生态环境的影响，主要表现为废气、废水、固体废弃物的排放情况。通过信贷资金向绿色环保项目的倾斜，迫使落后、过剩的产能得不到融资，支持其尽快出清，加快环境友好型产业的发展，进而优化产业结构。按照评价指标体系可测性和系统性原则，参照《中国银行业社会责任报告》，选取节水量、标准煤节约量、二氧化碳减排当量作为生态系统的产出指标。社会经济系统是指绿色信贷资金通过绿色投资方式将社会资源引导到新型绿色产业中，通过研发新能源和投资生态农业等方式，加快社会存量资金的周转，发挥闲散资金的作用，使生态环境与社会经济协调可持续发展。按照评价指标体系的典型性原则，选取国内生产总值作为社会经济系统的产出指标。

9.2.3 测度方法的选择

数据包络分析法是一种建立在线性规划和数理统计基础上的定量分析方法，通过保持投入或输出指标变量不变，确定其相对有效性的生产前沿面，并把单个决策单元投射到生产前沿面上，比较投射偏离程度，进而评价决策单元的相对有效性。落在边界上的决策单元被视为 DEA 有效率，否则视为 DEA 无效率。DEA 是一种在经济效率评价应用上发展较成熟的非参数前沿面分析方法，优点主要有以下几点：适用于处理"多输入—多输出"指标的有效性综合评价问题；无须对数据进行无量纲化处理；无须任何权重假设，而以决策单元输入、输出的实际数据求得最优权重，客观性强；每个输入都关联到多个输出，但不必确定特定的表达式。因此，DEA 是评价绿色信贷支持生态经济发展效率问题较为理想的分析方法。

CCR 模型是 Charnes 等构建的数据包络分析 DEA 模型的第一种基本模型，主要用来研究具有多个输入，特别是具有多个输出的生产部门同时为"规模有效"与"技术有效"的方法。本书采用 CCR 模型开展量化分析。假设研究的时间范围为 n 年，有 k 种"投入要素"和 m 种"产出要素"，记第 j 年的投入向量为 $\boldsymbol{X}_j = (\boldsymbol{X}_{1j}, \boldsymbol{X}_{2j}, \quad , \boldsymbol{X}_{kj})^T$，其对应的权重向量为 $\boldsymbol{V} = (V_1, V_2, \quad , V_k)^T$；第 j 年的产出向量为 $\boldsymbol{Y}_j = (y_{1j}, y_{2j}, \quad , y_{mj})^T$，其对应的权重向量为 $\boldsymbol{U} = (u_1, u_2, \quad , u_m)^T$，经过查尔斯和库伯的研究变换，且引入松弛变量 S^- 与 S^+ 后，即可得到 CCR 模型的线性规划方程：

$$
\bar{D}_{c^2R} = \begin{cases}
\min \theta \\
\sum_{j=1}^n \boldsymbol{X}_j \lambda_j \big| S^- = \theta \boldsymbol{X}_0 \\
\sum_{j=1}^n \boldsymbol{Y}_j \lambda_j \big| S^+ = \theta \boldsymbol{X}_0 \\
\lambda_j \geq 0, j = 1, 2, \quad , n \\
\quad S^- \geq 0, S^+ \geq 0
\end{cases}
$$

式中求得的最优值 θ 为样本年的技术效率。若 $\theta = 1, S^- = S^+ = 0$，则说明该年度我国绿色信贷的投入资金完全发挥出效用，每项投入成分均实现优化融合，绿色信贷政策落实效果达到最优，该年度可以被称为实现 DEA 有效；如果 $\theta < 1$，则表明该年度我国绿色信贷政策落实效果未能达到最优，投入成分没被充分利用，存在被浪费的情形。在实际测度中，CCR 模型计算及分解可通过相关软件完成，本书将使用 DEAP2.1 软件完成计算操作。

9.3 实证结果及分析

9.3.1 样本选取和数据来源

充分照顾到指标体系建立的各项原则，参照绿色信贷投入指标和生态经济产出指标组成的评价指标体系，本书选取 21 家主要银行业金融机构绿色信贷余额作为投入指标，选取国内生产总值和《中国银行业社会责任报告》中银行业各变量数据，其中包括节水量、标准煤节约量和二氧化碳减排当量作为产出指标，详见表 9.1。由于《中国银行业社会责任报告》的各指标数据是在对环境、金融等多个领域专家访谈的基础上设计的，并在充分进行行业数据调查之后计算得出的，虽然不是生态系统产出的第一手数据，但可以客观反映绿色信贷投入对生态经济发展的影响，因此使用这些数据具有合理性。

表9.1 2013—2016年研究样本数据

年　份	投入指标	产出指标		
	21 家主要银行金融机构绿色信贷余额 / 万亿元	国内生产总值 / 亿元	节水量 / 亿吨	标准煤节约量 / 亿吨	二氧化碳减排当量 / 亿吨
2013	5.2	595 244.4	4.38	1.87	4.79
2014	6.01	643 974	9.34	1.67	4
2015	7.01	689 052.1	7.56	2.21	5.5
2016	7.51	744 127	6.02	1.88	4.27

9.3.2 绿色信贷支持生态经济发展效率测度结果分析

本书运用 DEAP2.1 软件，先通过 CCR 模型计算出 2013—2016 年银行业的绿色信贷效率，然后运用 BCC 模型把绿色信贷效率拆成两个部分，即技术效率和规模效率，并判断我国银行业规模效应的情况。最后，通过使用 CCR 模型，对 2015 年和 2016 年的投入产出要素进行分析，详见表 9.2。

表9.2　2013—2016年我国银行业DEA模型效率结果

年　份	综合效率	纯技术效率	规模效率	规模效应
2013	1.000	1.000	1.000	不变
2014	1.000	1.000	1.000	不变
2015	0.962	1.000	0.962	递减
2016	0.872	1.000	0.872	递减
均值	0.958	1.000	0.958	—

从纯技术效率角度分析，2013—2016 年的纯技术效率均达到 DEA 有效，有力地说明我国银行业采取的绿色信贷政策手段对生态经济发展产生有效的推动作用。通过提高企业贷款的环保门槛，把符合环境检测标准、达到污染治理和生态保护效果作为信贷审批的重要前提条件，运用信贷资金杠杆引导企业投入绿色生产，从而实现污染前控制而不是污染后治理的目标。

但从绿色信贷规模效率角度来看，2015 年、2016 年未能实现规模有效性，并呈现规模递减态势，可以发现我国银行业对绿色信贷政策整体落实不到位，难以实现规模效应。虽然开始实行的时候规模成效明显，但随着时间的推移，信贷模式缺乏创新等问题导致规模效应递减。

从投入产出目标值来看（表 9.3），在投入目标不变的情况下，2015 年和 2016 年所要达到的所有产出目标值比实际值更高。

表9.3　2015—2016年投入产出目标值

年　份	投入目标		产出目标		
	绿色信贷余额/万亿元	国内生产总值GDP/亿元	节水量/亿吨	标准煤节约量/亿吨	二氧化碳减排当量/亿吨
2013	5.2	595 244.4	4.38	1.87	4.79
2014	6.01	643 974	9.34	1.67	4
2015	7.01	782 360.757	7.857	2.297	5.756
2016	7.51	853 698.455	6.906	2.634	6.709

2013—2016 年，由于前两年的综合效率为 1，没有投入、产出方面的冗余或

不足，所以表9.4仅列举出2015年和2016年的分析数据。从表9.4中可观察到，虽然国内生产总值比上一年增加93 308.657亿元，节水量比上一年增加0.297亿吨，标准煤节约量比上一年增加0.087亿吨，二氧化碳减排当量比上一年增加0.256亿吨，但是2015年的产出指标要素均出现低于目标值的情况；2016年的产出指标要素也均出现低于目标值的情况，虽然国内生产总值比上一年增加了109 571.455亿元，节水量比上一年增加0.886亿吨，标准煤节约量增加0.754亿吨，二氧化碳减排当量增加2.44亿吨。这表明2015年和2016年的产出要素总体不足，与投入要素不匹配。

表9.4　2015—2016年投入产出要素分析

年份	指标类别	指　标	原始值	径向运动	松弛运动	目标预计值
第三年	产出指标	国内生产总值/亿元	689 052.100	27 036.483	66 272.174	782 360.757
		节水量/亿吨	7.560	0.297	0.000	7.857
		年节约标准煤量/亿吨	2.210	0.087	0.000	2.297
		减排二氧化碳当量/亿吨	5.500	0.216	0.040	5.756
	投入指标	21家主要银行金融机构绿色信贷余额/万亿元	7.010	0.000	0.000	7.010
第四年	产出指标	国内生产总值/亿元	744 127.000	109 571.455	0.000	853 698.455
		节水量/亿吨	6.020	0.886	0.000	6.906
		年节约标准煤量/亿吨	1.880	0.277	0.477	2.634
		减排二氧化碳当量/亿吨	4.270	0.629	1.811	6.709
	投入指标	21家主要银行金融机构绿色信贷余额/万亿元	7.510	0.000	0.000	7.510

综合分析可得，在 2015 年与 2016 年，投入要素（21 家主要银行金融机构绿色信贷余额）在增长，综合效率却不足 1，即没有达到 DEA 有效且呈下降趋势。与绿色信贷投入相比，生态经济产出不足。首先，因为商业银行绿色信贷产品创新不足，研发能力不高。其次，商业银行普遍缺乏既懂环保政策又具有信贷服务能力的复合型专业人才，同时部分商业银行实施绿色信贷缺乏内在动力，对绿色信贷政策执行力度不够。再次，当前绿色信贷实施细则有待制定与完善，配套设施没有跟上，缺乏统一的实施标准。最后，政策法规尚不完善，信息共享存在滞后性。

9.4　研究结论及政策建议

9.4.1　研究结论

本书针对绿色信贷支持生态经济发展效率评价问题的特征，遵循指标体系构建原则，选取商业银行绿色信贷余额作为投入指标，将国内生产总值、节水量、标准煤节约量、二氧化碳减排当量等作为产出指标，采集 2013—2016 年国内 21 家主要商业银行和政府统计数据，运用数据包络分析 CCR 模型定量测度绿色信贷支持生态经济发展的效率。通过分析可以发现：绿色信贷支持生态经济发展的技术效率较理想，表明我国商业银行绿色信贷审批等手段的综合运用对生态经济发展已发挥正向推动作用，需要进一步强化绿色信贷政策法规建设与落实；绿色信贷支持我国生态经济发展的规模效率较低，且呈下降趋势，表明绿色信贷资金投入没能在支持生态经济发展中发挥出应有的作用，需要各大商业银行提升绿色信贷服务水平，加强绿色信贷资金的使用与监管力度，提高绿色信贷支持生态经济发展的效率水平。

9.4.2　政策建议

1. 加快绿色信贷产品创新

目前，商业银行推出的绿色信贷产品较为单一，缺乏创新性，无法满足企业绿色投资资金需求。因此，商业银行绿色信贷产品应该积极探索林权抵押、排污权抵押、合同能源项目、环境服务项目的未来收益权质押等多种融资方式，在不同行业领域开发绿色信贷新业务，为企业提供更加全面的服务，在增加收益与控制风险的同时，能丰富绿色信贷政策内涵，促进绿色经济快速发展。

2. 推动绿色信贷政策法规的建设与落实

《关于构建绿色金融体系的指导意见》（银发〔2016〕228号）是目前绿色信贷主要的宏观调控政策。当前，我国的绿色信贷政策大多停留在指导层面，没有具体的实施细则，从而增加了银行和企业实施绿色信贷的难度。因此，政府部门应该加大财政和货币政策对绿色信贷的支持力度，通过财政补贴、税收优惠等降低银行绿色信贷成本；进一步落实宏观调控政策，加快绿色信贷相关法律制度的建立和完善，做到有法可依，违法必究。

3. 加大绿色信贷人才培养力度

由于绿色信贷指标数据专业性强，涉及环保、金融、社会学等多个领域，现有银行从业人员的专业素质与能力无法胜任。很多企业经营中没有明确的环保标准，不能够提供准确的环保数据，导致绿色信贷政策执行艰难。因此，需要培养绿色金融专业人才，建立专业化服务队伍，推动绿色金融服务的创新，促进绿色金融业务核算体系的规范化与标准化。

4. 健全环境信息交流与共享机制

当前，国内的环境信息交流共享平台是由中国人民银行征信中心承担的，用于传递政府、企业、银行之间的信息。但是，这一平台提供的企业信息有限，无法在较大范围内进行信息共享，没有发挥应有的作用。因此，政府生态环境部及各地方银监局应该拓宽可共享的信息范围，并利用大数据技术追踪企业绿色贷款资金的使用情况，及时、有效地补充企业环保信息，从而降低商业银行收集此类信息的难度和成本。

5. 完善银企绿色转型奖惩与激励机制

目前，受制于经济转型发展速度，商业银行为了追求短期利润，仍然会向高污染、高能耗企业提供贷款。同时，对落实绿色信贷政策较好的银行和节能减排企业并没有明确的奖励制度，这降低了商业银行拓展绿色信贷业务的积极性。因此，政府监管机构应该完善规章制度，惩戒违反绿色信贷政策的银行与企业，并根据绿色信贷的贷款余额和支持节能环保企业项目数量等数据，对积极实施绿色信贷政策的商业银行给予奖励，可以在一定程度上调动商业银行的积极性，为推动绿色信贷发展创造良好的环境氛围。

9.5　小　结

绿色信贷政策最早可以追溯到国际金融行业于 2002 年发布的"赤道原则"，当进行融资申请审核时，商业银行需要对融资项目可能造成的生态环境损耗开展科学评价，通过运用资金杠杆在实现生态资源的有效利用与保护等方面发挥积极作用，体现金融机构的社会责任。当前，绿色信贷已经成为优化产业结构与能源结构、促进经济绿色发展，最终实现经济效益和生态效益双赢的重要抓手。

本章构建"绿色信贷投入与生态经济产出"指标体系，采用 DEA-CRR 模型分析绿色信贷支持我国生态经济发展效率水平。以 2013—2016 年我国生态经济指标数据和 21 家主要银行业金融机构绿色信贷余额进行实证分析，结果表明：一方面，商业银行实施绿色信贷政策已经对我国生态经济的发展发挥了正向推动作用；另一方面，绿色信贷资金投入没能发挥应有的效率水平。最后，从绿色信贷产品创新、政策法规建设、人才培养、信息交流共享及激励机制五个方面给出政策建议，以进一步提高绿色信贷支持生态经济发展的效率水平。

第 10 章　我国生态经济发展路径与策略分析

　　经过 30 多年的高速发展，我国经济取得了举世瞩目的成绩。伴随着 GDP 总量及综合国力的日益增长与提升，"高耗能、高排放、低效率"的发展模式弊端逐渐暴露。不合理的资源配置方式、人口的不断增长和粗放式的工业化模式在一定程度上影响了我国经济向更高层次发展，资源短缺与环境污染问题成为阻碍社会经济可持续发展的瓶颈因素。习近平提出"绿水青山就是金山银山"系列生态观点表明在党的十八大之后，生态文明建设被中央赋予了前所未有的重要使命。党的十九大提出要运用生态文明的传承，解决当前突出的生态环境污染问题，加强对自然环境和生态资源的保护，实现建成美丽中国的美好愿望。经过几十年的探索，我国在发展中融合了新理念和新思想，基本上形成了具有中国特色的生态文明模式。我国积极主动地肩负着作为世界第二大经济体的责任与义务，逐步解决经济发展中的质量与效率问题，把转换经济发展方式作为发展的重头戏，摒弃传统 GDP 主义指导下的经济发展方式，在绿色理念的引领下倡导生态管理模式。生态经济的发展响应了中国当前资源、环境与经济的现实需要，也是顺应全球化发展趋势的需要。

　　1968 年，生态经济概念在《一门科学——生态经济学》一书中首次被提出。1980 年，生态经济的概念在联合国环境规划署组织的"人口、资源、环境和发展"会议上得到进一步完善。1989 年，生态经济学的概念正式被界定，发表于美国 *Ecological Economics* 第一期的首篇文章中，作者科斯坦扎如此定义：生态经济学是在运用跨学科、多学科的方法基础上，研究生态系统与经济系统之间关系的学科。学者通过持之以恒地钻研，不断地修正、创新，提出以经济发展为目标，并将生态环境的承受能力、自我修复能力和调节能力与经济发展结合起来。总之，生态经济是利用生态经济学的原理与系统工程的方法，改变生产、消费模式，挖掘生态系统能承载的最大能力，在有限范围内使资源得到优化利用，积极发展环境友好、生态高效的产业，建立合理、科学的制度，创造美好的生态环境及适宜的生活环境。

现阶段，我国发展生态经济已经具备一定的基础，新能源、环保行业、绿色旅游等将成为中国未来发展生态经济的支柱产业。生态经济是同时追求经济、社会和生态效益的发展模式，使三者得到协调发展，最终使经济效益性与环境合理性达到统一。我国正处在经济转型升级的关键期，需要克服推动经济建设中的环境障碍。因此，明确发展生态经济的重要性与必要性，了解生态经济的特征，选择合适的发展模式和路径，采取相应的对策措施显得尤为重要。

10.1 我国生态经济发展的 PEST 分析

10.1.1 政治环境分析

人类要尊重自然、保护自然，构建人与自然的命运共同体。现阶段，我们要以人与生态环境和谐共生为核心理念，建成兼具物质财富与精神内涵的现代化生态经济模式，企业要更加注重生态保护，提供更多优质的生态产品与服务。生态治理在中共十八大上明确被纳入国家治理体系中，实现规范化和制度化的生态治理已经是国家治理体系中的重要内容。目前，生态方面的严格立法、执法等措施取得重要进展，我国的生态治理系统化体系已经基本形成。

社会主义生态文明观在习近平"两山"理念的指导下逐渐在社会中树立起来，生态环境保护的理念在法律和政策中也已得到更多体现，各行各业都紧紧追随此理念。在大力发展生态经济，解决发展与保护对峙问题的背景下，我国提出了优先保护、自然恢复的原则，践行资源节约和环境保护的策略，优化落后的产业链结构，创造出更多的经济发展空间，引导人们养成绿色的生产、消费和生活习惯。此外，我国基本确立了几条保障生态经济发展的控制线，分别是构建绿色生产、绿色销售、绿色消费、绿色循环的经济体系和配套的法律法规、政策体系。

在生态监督管理方面，我国建立了国有的自然资源资产的管理机构和自然生态的监管机构，这在一定程度上完善了生态文明建设的总体布局设计及组织领导，形成了科学的生态环境管理体系，使自然资源资产所有者和所有国家土地能够均匀使用。

10.1.2 经济环境分析

我国要完成基本实现社会主义现代化强国的目标，任务非常艰巨，国内外局势复杂，因此要保持大局观，冷静地看待、观察趋势，坚持稳步前进的总基调。

经过五年发展，我国经济发展已从"高速"转向"高质量"。

在推动创新驱动战略实施过程中，我国将绿色、生态技术的创新纳入国家有关计划中，积极构建科学研究与人才培养有机结合的知识创新体系，攻克在生态经济发展中遇到的技术瓶颈，挖掘符合生态经济规律的关键适用性技术，构建集社会化、市场化、信息化于一体的服务体系来支撑生态经济的可持续发展。同时，政府采取了政策激励，建立了促进绿色经济发展的理论、规划和政策体系，特别是完善了税收和财政政策，积极推动企业进行绿色生产，构建生态、绿色环境，倡导人们进行绿色消费、绿色生活。政府通过一系列促进生态经济发展的措施在规划、导向、管理和保障方面充分发挥了宏观调控作用，并结合市场中实时反映出来的供求关系及时掌握技术创新过程中资源稀缺度和对环境的损害度。

在经济全球化和我国一系列的政策措施下，我国经济的发展前景是光明的。相信在未来，我国有条件、有动力实现生态经济发展稳中求进、持续发展。

10.1.3　社会环境分析

在"创新、协调、绿色、开放、共享"发展理念的指引下，我国的生态文明建设进程加快，为未来营造良好的生态环境、提高人民的生活质量做好了保障。绿色发展是在绿色经济指导下的绿色发展模式，是对新时代下中国特色社会主义理论的全新诠释。

目前，政府正在积极培养全社会的绿色文化自觉性，在公民中树立尊重自然、保护自然的生态价值观，培育其对绿色文化的自觉、自信。面对日益恶化的生态环境，人们越来越推崇低碳生活，采取理性的消费行为。绿色消费是一种以满足消费者自身生态需求为出发点，以保护环境为重心，顺应人们对其生存环境潜在的健康、环保、绿色要求。为了将绿色生活方式转化为人们的自觉追求，我国正在开展全面的国家环境教育，通过全国各级教育系统的综合教师资源和课程，加强对下一代的环境教育，逐步将其融入社会活动中。另外，通过社区教育来促进人们养成环保的生活习惯，让人们自觉选择绿色低碳的生活方式。我国还建立了比较完善的生态保护教育体系，通过绿色环保教育培养了公民的生态意识和低碳意识。在国民教育体系中加入环境教育，在公民教育中加入绿色生活教育，有助于增强人们的自觉意识和责任感，维护公共利益和生态环境，树立个人生活必须负责任的理念，为培养低碳、绿色的生活方式提供了轻松、和谐的文化氛围。

10.1.4　技术环境分析

一个国家的经济发展水平和增长潜力与技术创新、技术研发有着密不可分的关系。目前，我国正在不断推进创新驱动发展战略的实施，在全国范围内鼓励创新，党的十九大报告里提到创新不下 50 次。创新是经济发展的强大驱动力，是构建现代经济体系的战略支撑。实施创新发展驱动战略对改善生态环境、建设美丽中国都具有重要意义。同时，高科技对传统产业与设备的改造和升级不仅能提高生产效率，还能有效降低资源和能源的消耗，减少了对环境的污染。相信未来我国将以更美好的生态环境、更宜居的生态空间回馈人们对美好生活环境的期待。

我国的政策使企业对当今世界上前沿的科学技术高度重视，企业发展生态经济的过程中不断学习、应用有效的技术，以应对技术进步给企业带来的影响和变革，在创新的大环境下及时调整生产策略、产品策略及经营策略，不断促进新技术的研发与旧技术的改造升级，维持企业本身的竞争优势。追求技术创新要根据生态经济发展要求及社会、消费者对产品或服务的绿色需求而与时俱进。

国家鼓励企业在发展生态经济中加大研发投入，鼓励企业设立自主的技术研发部门，通过加强与国外企业的合作交流，加快技术进步与信息化建设的步伐。

10.2　我国生态经济发展的战略导向

10.2.1　国家层面

现阶段，我国经济发展下行压力加大，发展进入新常态，必须贯彻绿色发展的理念，大力推进生态文明建设。"创新、协调、绿色、开放、共享"的发展观不仅是未来经济发展的战略和原则，也是推动经济社会发展的强大动力。面对全球经济的重大调整和重大变化，为了实现可持续发展，我国的生态经济必须实现发展势头转变、发展模式创新、发展路径转变、发展方式转变。

创新是经济和社会发展的第一推动力，包括理论创新、制度创新和技术创新。这是一个贯穿党和国家所有工作的重要概念。生态经济的发展必须走中国特色社会主义道路，实现经济发展、物质富足和生态宜居的协调。发展资源节约型生产方式，建设环境友好型社会，让工业绿化、环境美学、自然概念、生态现代化和美丽中国等元素充斥人们生活的方方面面。但是，我国生态文明建设起步不久，对比国外先进国家较为滞后，体制不完善、制度不完整等问题凸显，很多措施在国际舞台上没有先例可循，没有经验可以借鉴，需要填补许多漏洞。

我国正在不断推进实施以科技为核心、人才为支撑的创新驱动战略，通过释放创新潜力和激发创新积极性提高我国的创新能力。在技术方面，中国不断突破创新瓶颈，打破创新壁垒，构建创新机制体系，营造创新的社会氛围，发展创新型经济。中国坚持用科技的战略前沿引领研究方向，重视自主创新及颠覆性创新，提高创新基本能力，实施创新项目，促进协同创新。政府在技术层面上引导企业瞄准国际前沿科技，引进国外先进技术，实现行业的创新发展。与此同时，企业在经济发展中要牢固树立保护生态环境的意识，坚持保护生态环境就是发展生产力的经营理念。为推动企业在绿色、循环、低碳发展中充当积极分子，处理好经济发展与生态环境保护的关系尤为重要。

中国30多年来持续快速的经济增长给资源和环境带来了巨大压力，生态文明建设无疑已成为中华民族可持续发展的路径。资源保护和生态环境的改善是无止境的，建设美丽中国是国家现代化建设目标。

10.2.2 企业层面

我国相当多的企业生态责任意识淡薄，对承担、履行社会责任及生态责任的主动性不强，致使其在承担社会环境责任时处于被迫状态，一般都是企业在政府政策、社会舆论或行业、产业链中合作伙伴的施压下做出的非意愿行为。企业普遍把社会生态责任作为企业利润的扣除和烦琐消费，很少看到主动承担社会生态环境责任给企业带来的影响力和竞争力的提升，如社会形象与知名度。由此可见，当前不少企业在观念上还停留在单纯追逐利润的阶段，忽视了企业经营的生态外部责任和自身责任。未来发展生态经济，企业都必须紧紧围绕实现相关者利益最大化的目标制定战略。

在生态经济发展的背景下，企业在大局意识的指导下，摒弃过去以自我为中心的观念，企业的使命也与生态经济发展的目标密不可分，最终实现企业技术创新与产业转型升级，在积极承担社会责任的同时获得利润。企业的领导者将企业的战略发展方向定位在生态经济发展的战略上，突破企业内部的产业，将其运营活动嵌入整个生态经济发展体系中。在发展中，企业诚信经营，培育良好的企业道德素养，提供生态产品，构建生态文化与生态发展机制。随着经济体制的转变，政府对企业不断进行生态责任重要意义的教育，使越来越多的企业抛弃了以往发展中不顾环境成本的错误思维方式，强化自身主动承担责任的意识，明确企业是社会中的企业，是社会中的主体这一地位。企业积极地承担应该承担的社会义务与责任，在一定程度上能够提高企业的社会形象与外部竞争力。在经济与环境协调发展的状态下，企业以身作则，用实际行动说明环境是企业生产发展中优先考虑的因素。此外，企业积极地承担社会生态责任，将企业愿景与使命建立在社会生态环境责任与经营利润的共同基础之上。

10.3　我国生态经济的发展路径及策略

10.3.1　树立生态发展理念

绿色是我国针对当前全世界的环境现状及我国的实际国情而提出的经济发展新理念。回顾生态经济发展历史，我国对其发展模式的探索与运用晚于其他发达国家，大多数企业尚未形成绿色、生态的发展意识。目前，企业依旧采用传统的经济发展模式，对于生态经济发展模式较为陌生。因此，提高企业对生态经济的认识尤为关键。企业要深刻领会可持续发展的概念，全面认识和把握习近平关于生态文明建设论述的内容、思想与方法。企业不仅要认识到生态经济的意义何在，还要在企业发展中把环境成本核算在内，将其视为潜在的经济成本，推行绿色生产，获得经济与环境的双重效益。

10.3.2　提高技术创新能力

技术创新是企业在追求可持续发展中的必然环节，有助于提高资源利用率并在一定程度上解决环境污染问题，是企业实现绿色、生态发展的重要途径。通过目前对企业发展现状的统计研究发现，"高投入—低产出—高消耗"的现象还有很多，主要源于未及时解决生产设备陈旧、工艺制造设备落后的问题，不仅造成了资源浪费，还向大气中排放了大量的工业废气，严重污染了生态环境。面对资源和能源日益短缺的现状，企业必须加快推进发展生态经济需要的绿色技术取代传统的、耗能的技术的步伐，如清洁的生产技术、再循环技术等。在发展生态经济的过程中，绿色技术作为基础与支撑，使企业通过技术创新可以不断改善当前面临的环境与资源问题，在一定程度上预防、控制和有效地治理环境污染。企业在改进与研发绿色技术时存在开发难度大、成本高、利润不稳定等不确定因素，从而对技术创新缺乏积极性与主动性。因此，企业内部要大力宣传技术创新的重大意义，提高企业整体对绿色、生态技术的认知，通过技术革新大力推广绿色技术的运用，迎合时代发展理念与消费者的绿色消费观。

10.3.3　加强对企业人员的生态教育

生态经济是我国在经济发展中的新探索、新模式。在实现经济可持续发展的过程中，企业是主力军，而企业领导者的领导方式与思想高度决定了企业是否走生态发展道路。

在企业内部，企业可以通过对管理者及员工加强绿色教育培育企业全体成员形成绿色意识。企业可以通过教育培训的方式让企业领导成员学习生态经济发展的相关绿色知识，明确可持续发展的内涵，积极学习并引进国内外绿色企业的先进发展理念，通过多媒体等方式进行员工培训，在内部进行全方位绿色宣传，营造生态发展的企业内部文化氛围，增强企业员工的生态文明意识和社会责任感，使企业员工接纳生态发展思想。

在企业外部，企业要强化经济发展需要承担的社会绿色责任，完成相应的绿色任务。

10.3.4 培育绿色营销意识和手段

相对国外的企业，我国企业在实施产品或服务的营销策略时经常忽视环境效益，因此采取的营销手段比较传统和落后。造成这种现象的主要原因是相当一部分企业制定营销手段时没有考虑可持续发展的内在含义与企业未来发展的方向，没有深刻认识到绿色营销对企业生态发展有促进作用。大多数企业行使的营销手段只注重短期、微观的效益，对眼前的利益考虑得较多，对保护环境的任务、生态协调、和谐发展的目标考虑得较少。企业在转型升级时要积极使用绿色营销手段，通过各个节点的灵活配合减少污染。

我国目前绿色营销策略组合单一，有待于进一步改善与加强。

对于企业来说，要尽早引入绿色营销管理的运营机制，合理优化营销策略实施方式，企业内部各部门之间要鼎力配合，协调好每一项指令所需动用的人力、物力，保障绿色营销能有序、有效地开展。

企业根据实际情况在生态经济链的每个节点上都要制定相应的规定，将生态、环保作为宗旨，环保意识作为每个环节衔接的结点，最终搭建一条理念贯穿于产品生产、销售、回收的绿色营销供应链。因此，发展生态经济企业势必要推行绿色营销，在生产、运营、销售等各个环节中开辟绿色渠道，提供绿色产品和服务，抢占绿色消费品市场，使企业在资源与环境中实现双赢。

10.3.5 产业转型升级

转型升级是企业产业结构调整的必然途径，追求持续成长的企业必须保持对自身生存环境的敏感性，深刻洞察现有产业的成长空间。在中国全力推进经济结构转型与产业升级的大背景下，企业发展必须迎合国家经济发展的趋势，推动经济发展向高科技和高附加值产业转变，经济发展方向逐渐向"创新、生态、环保"的新主题靠拢。

首先，关闭高耗能、高污染产业，引进节约自然资源，对环境破坏力较小的产业链。

其次，优化企业现有的不利于生态经济发展的产业，制定更加严格的各项资源综合利用的技术标准，根据企业自身的能力及市场需求严格控制产业的规模，及时关闭一批浪费资源、破坏环境和不具备安全生产功能的落后产能。

再次，以资源循环、能量转换、生物生长规律为基础构建生态产业，用绿色的技术改造目前落后、污染严重的产业，发展绿色、低碳经济。

最后，在"互联网+"大数据背景下，企业通过信息技术改造使传统产业转型。

10.4　我国生态经济发展的对策建议

10.4.1　积极培育生态文明理念

在政府的引导下，社会各界要自主学习习近平关于生态文明的系列重要讲话与思想精髓，培养新时代下的社会主义生态价值观，主动学习并践行符合生态经济发展要求的生活、生产行为方式。因此，政府可以从以下几个方面着手：

第一，奉行建立资源节约型与环境友好型的基本国策，通过社区等方式对公民进行教育，促进公民建立强烈的生态意识与生态文明观，使人们认识到保护环境的重要性。

第二，将可持续发展理念贯穿于社会的生产、生活和人们的日常交往中，倡导公民追求既能满足自身需要、节约自然环境，又能为子孙后代留下宝贵资源的生活。

第三，通过舆论、媒体宣传生态知识，构成保护环境的社会风尚和文化氛围。

总之，政府在公众参与生态文明建设的过程中，不仅要将生态文明的宣传、教育工作落实到位，还要推动信息的透明化、公开化，激发公众参与保护环境的热情。同时，政府要完善环境监督体制，形成双向互动，构建多元化的体制。政府利用社会公众对环境进行监督，弥补了自身监管力不足的缺陷。

10.4.2　健全法律法规建设

我国的生态经济研究在 20 世纪 70 年代刚刚起步，与国外相比还尚不成熟，因此目前对生态经济发展方面的相关法律法规建设还不够完善，这在一定程度上影响了我国生态经济的发展进程。

我国在生态经济立法方面要注重生态文明的制度建设，要建立系统完整的生态文明制度体系，规避生态立法中内容的片面性、迟滞性，明确生态环境保护的责任，用制度保护自然资源和生态环境，实行最严格、严密的制度与法治，用法律制度为生态经济发展提供支撑。在立法方面，摒弃过去基于计划经济体制下仅以GDP总量衡量经济发展水平的评价机制，遵守以环境立法为中心和"生态经济优先"的发展原则。根据生态经济发展的要求，保留和完善原有的适用于生态经济发展的法律法规，修正和改进与其发展方式背道而驰的法律法规，使立法不断适应生态经济发展的需要。除此之外，通过设立预防性法律，如环境监测法等，使法律法规与生态经济发展与时俱进，充分利用法律解决发展中的问题。

另外，要增强生态法律的执行力，法律实现的关键是执法环节。我国存在着严重的执法与立法脱节的现象。在执法过程中，执法效果由于隶属关系、等级关系和监管不善等因素而成效低下。政府必须加强对生态执法人员的培训与监督：其一，增加执行人的生态法律知识，使其认识到发展生态经济的意义；其二，增强执行人主动保护生态法律的使命感与责任感，保障其在执法时秉承客观、公正、科学的工作态度。

10.4.3 加大政策支持力度

目前，大多数企业尚未摸索出合适的生态经济发展模式，正需要国家政策强有力的扶持。但是现阶段，我国针对生态经济发展的政策不够完善，因此需要从税收与财政政策两个方面改进，国家要进一步完善税收政策和财政政策。

我国原先推行的计划经济体制遗留下来的税收体制不完善和税收种类不健全两大现象使有些原本可以使资源得到优化配置、环境不被破坏的税种没有被纳入税收体系中。从目前来看，我国绿色税收种类较少，因此我国应建立完善、健全的能源使用税收体系，完善政府的监督机制且加大监管力度。

第一，建立完整的、系统的监督跟踪体系，防止部分企业偷税漏税，达到资源节约和保护环境的目的。

第二，政府必须限制对不可再生资源的使用；对企业征收环境保护税与环境污染税，特别是对严重破坏生态环境的高污染、高能耗企业提高收税标准，对创新型、环保型企业降低税收标准。

第三，政府可以利用税收机制有效调节产品或服务的市场价格，引导企业开发新能源及环保产品，使企业走上可持续发展之路。

企业技术创新需要强大的经济支撑。我国尚未建立技术创新投资机制与财政投入体系，不能激起中小企业进行生态技术创新的积极性与支撑企业资金链的流转，从而严重影响了企业技术创新的长久性。因此，我国政府急需在创新方面加快立法进度、政策推行及财政补贴。

政府必须加大对生态企业的政策扶持力度，根据企业制定的战略规划，对生态企业给予政策上的支持与鼓励。例如，简化生态项目的审批程序，为绿色企业建立专用通道；推行更多的优惠政策，对生态企业给予技术、人才等方面的支持。

政府要加大财政投入的针对性和有效性，提高生态技术及生态产业的财政资金投入，对积极探寻生态经济发展道路的企业及时给予资金补助。在政府主导下，组织构建绿色生态经济发展机制。在市场导向中，形成以企业为主体的生态创新技术体系、环境保护体系。

10.4.4 建立生态保护补偿机制

由于中国目前对生态破坏的测量尚不确定，通过生态保护补偿机制判断环境污染的方式相对简单。因此，在生态保护补偿的实践中，环境补偿的情况往往被忽略，企业经常出现逃避责任的情况。问责制是履行生态责任的重要制度保障，政府必须发挥积极的监管作用，形成有针对性的间接指导和强有力的直接监管机制。对政府而言，建立问责制，完善生态规则、规范及生态环境保护补偿机制刻不容缓。

第一，建立问责制。坚决杜绝以牺牲自然环境与资源为代价的盲目追求利益的经济行为，明确相关责任人的责任，并执行相关的处罚，如经济、行政等处罚。

第二，制定明确的生态法规。明确企业的生产标准，使企业遵循生产过程中的规则，确保生态经济的可持续发展。

第三，建立生态保护的评估机制。对难以量化的问题制定具有针对性的审计制度，对评估人员进行审查、评估、判定等方面的能力培训。此外，对生态资源存量进行年度的调查、统计，全面监测和控制生态资源存量。

综上所述，企业在竞争激烈的环境中往往会由于追求利益、扩大企业规模、增加营业收入等原因偏离生态经济发展轨道。因此，政府不仅要加快建立完善的法律法规体系，在执行中实施法律的强制性手段，还要在资金和政策方面加大扶持力度，帮助生态企业建立长期有效的技术创新体系。

10.5 小结

随着国家财政收入及社会收入水平的不断提高，目前我国实施生态发展已经具备一定的物质基础。政府已经将生态经济置于国家战略的高度，并得到了企业与社会的认同。在党的十九大上，习近平首次提出了建设美丽中国的目标。目前，我国的经济发展处于一个高速增长时期，政府与企业必须明确生态经济发展的目标。21世纪，生态经济已然上升为国家战略，要始终坚持"立足于生态、着眼于经济、全面建设、综合开发"的发展理念。此外，把生态建设与经济发展、社会发展相结合，实现经济、生态、社会发展的统一，走生态经济可持续、协调发展的道路。

发展生态经济不仅有利于强化自然资源的合理化，还充分实现了生态资源的经济价值，缓解了生态经济发展过程中环境与经济的矛盾，提高了经济与社会发展的协调性。生态经济理念统筹规划了企业的空间布局及合理调整了产业的结构，通过深化供给侧结构改革，推动生态经济发展模式向产业集聚化发展，培育新兴绿色技术产业，为我国创造新的经济增长点。发展生态经济不仅满足了当下人们对生态产品与服务的诉求，还有助于为后代留下更多无污染的自然资源，实现对自然资源，特别是稀缺性资源的永续利用，构建优美的生态环境。在"五位一体"总布局的指导下，中国坚持走低碳、可持续发展的道路，把握经济发展的规律，遵循创新发展理念、积极转变不合理的经济发展方式，始终坚持生产发展、生活富裕、生态良好的统一发展道路，达到经济发展的速度、结构、质量、效益在一定程度上的统一。

中国正处于全面建设小康社会的关键性时期。习近平提出，防治污染、减少大气中主要污染物的排放总量，提高生态环境的整体质量。因此，想要在新时代下建设美丽中国，构建人与自然的命运共同体，就必须赢得防治污染的斗争。政府要利用政策推动全社会形成绿色发展方式和生活方式，在全国范围内优化产业布局，发展、拓展、鼓励节能环保型的新兴技术产业，促进资源的节约及循环使用。

基于当前国情，我国必须发展生态经济。加之中国当前正由生态脆弱走向生态贫困，这一现状迫切要求我们走生态经济发展道路，首先要保证逐步消除生态贫困的状态，努力改变中国目前社会主义经济发展下生态资源短缺的局面，保障我国经济的可持续发展。在习近平新时代中国特色社会主义思想的指导下，大力发展生态经济，建设安全、绿色的经济社会。生态经济的发展不只是解决自然资源短缺和环境整治问题，还是经济社会发展到一定程度的现实诉求以及应对经济全球化的发展路径。生态经济衰弱不仅危及国内企业的生存和发展，还影响到中国在世界经济体系中的地位。因此，推动生态经济发展，走经济繁荣、资源循环、环境美好的生态之路，全面协调了国内经济和社会发展的要求，也是中国融入国际市场、当代经济全球化趋势的必然选择。

中国必须遵守自然环境的发展规律，科学、合理、有序地开发、利用、保护自然资源，使社会、经济、生态和谐共生，实现多赢共赢的局面。我们需要考虑生态系统的自我调节与修复能力，要注重保护生态环境和自然资源的质量。协调生态和经济社会之间的发展问题，发展生态经济是我国今后实现跨越式发展的必然选择。

第 11 章　总结与展望

11.1　研究总结

自改革开放以来，我国经济发展已经取得了翻天覆地的巨大成就，当前正处于供给侧结构性改革的关键时期，绿色可持续发展已经成为经济发展的必然选择。生态经济是一种可持续的经济发展方式，与传统工业经济相比较，生态经济污染更低、生产效率更高、科技含量更高，是世界经济发展的大趋势。自党的十八大以来，习近平新时代中国特色社会主义思想作为我国各项建设事业的指导思想，要求我们全面实现经济社会可持续协调发展。生态经济作为一种经济发展新模式，具有低污染、高效率、高技术含量的优势，因此发展生态经济是我国新时期经济发展模式转变的内在要求和必然选择。自 20 世纪 80 年代生态经济学会成立以来，我国在生态经济学理论研究和生态经济建设等方面已取得许多成就，但我国生态经济发展水平仍远没有达到应有的发展阶段。全面推动我国生态经济建设仍然任重道远，需要克服多方面的障碍，需要我国学者和民众拥有生态经济思维，从理论领域出发，指导社会实践，创新生态经济建设路径。只有建立在丰富的理论知识和大量的社会实践建设的前提下，结合中国的特殊国情，才能更快、更好地进行生态经济建设，更快实现社会发展，早日实现中华民族伟大复兴。

根据我国经济与生态环境发展的现状，再结合前人已有的研究成果与实践经验，分析我国的生态经济法律与政策体系，指出法律政策体系存在的问题及完善的方向；从三大产业视角，重点分析我国生态经济的发展现状；通过实证研究揭示我国目前生态经济的发展态势、节能减排水平和生态经济发展效率水平，绿色信贷支撑生态经济发展的效率测度，评价相应的建设路径和政策建议，以期得到有益结论，指导我国生态产业的发展与各行各业节能减排、低碳环保方面的实践工作，以提高我国生态经济发展的绩效与企业低碳投资效率，并对生态经济理论起到一定的补充与拓展作用。

本专著在研究中取得的成果归纳如下：

（1）支持我国生态经济发展的法律政策体系建设方面

在第3章中，我们分析了支持、促进我国生态经济发展的法律政策体系建设方面。我国已经基本形成了一套环境资源法律体系，其中包括《中华人民共和国土地管理法》《中华人民共和国矿产资源法》《中华人民共和国环境保护法》等法律及相关意见、通知和方案等，都在生态经济发展与环保事业中发挥着重要作用。此外，我国不同城市和地区根据禀赋差异，如地理环境、历史文化、经济结构等，制定并实施针对性强的地方法规政策，从而保证相关的法律与政策措施能够真正得到贯彻落实。但是，我国经济在飞速发展，生态文明建设也在起着积极的作用，已有的法律法规不能适应新形势的发展需要，所以通过我们的收集、分析与研究，可以了解目前最新的与生态经济发展有关的法律体系与政策法规及其存在的问题与漏洞。政府也能及时修订不合时宜的法律法规并颁布新政策，保障市场的公平公正，促进经济的良性发展。

（2）我国生态产业模式创新方面

我国从生态农业、生态工业和生态服务业等多个方面开始进行结构建设，为改善生态经济建设开展了大量实际工作。通过对各种产业内部结构的优化调整和地域结构的可操作性修改，我国社会的发展方式和国家经济增长方式的转变正在逐步加快，可持续发展战略正在逐步实施。

本专著的第4章、第5章和第6章分别探索分析了生态农业、生态工业、生态服务业模式创新的现状，并以实例进行了探究。

针对我国农业现状及对生态农业转型路径的探索情况研究可以发现，生态农业的转型路径的探究、"零"排放是未来生态农业的主要方向，充分利用农业生产过程中产生的废弃物，通过利用现代科学技术进行循环利用，实现"以农养农"的发展目标，以"春泥护花"的方式促进农业持续稳定的发展。

发展生态工业符合现阶段我国发展集约型经济的方针，更有利于减缓我国自然环境的耗竭，节约了能源，有效提高了工业企业的竞争力，有利于企业进入国际市场。在过去的十几年里，重视生态工业的组织和企业越来越多，在国家的扶持下，各类生态工业企业的出现、国家生态工业园的建设等都证明了我国生态工业的未来前景良好。

生态服务业在众多生态产业中是最贴近人民日常生活的产业，也是人们关注点较多的行业。发展生态服务业可以促使人们增强环保意识，推动整个社会经济向生态化发展。

产业的生态化之路将是未来经济发展的必然趋势。在国家的政策支持下，发展生态产业首先需要的是把生态文明建设放在首要位置，同时考虑经济建设、政治建设等问题。发展生态产业是我国强化生态文明建设和经济可持续发展的有力保障。

（3）生态经济发展水平与节能减排绩效评价方面

生态文明建设的主要目的是维持人们生产、消费与自然资源消耗的平衡，以促进自然与生态系统的可持续化发展。在生态文明建设过程中需采取各种措施降低人类社会在生产、消费过程中对环境的污染与消耗，其中最有效的措施就是以节能减排的方式减少碳排放，减少人类社会对自然环境造成的不利影响。人们要生存不可避免会产生污染与排放，因此如何提升节能减排的绩效，选择合适的碳减排路径是关键。但是，有些地方的政府和企业的关注点还集中在污染治理的层面，对节能减排的重要性了解不多，缺乏配套服务措施，在政策与法律方面也有待完善。其中，有部分原因目前在研究领域中，对节能减排产生的效应缺乏合适、科学的评价，因此在第8章中，我们从区域经济和行业两个视角探究节能减排的绩效评价，积极探索节能减排的有效途径。在研究过程中，充分体现市场机制的作用，并结合政府发布的财税政策、优惠措施，使企业对节能减排的投资更积极、有效，引导经济社会向和谐稳定方面发展。

（4）绿色金融支持生态经济发展效率评价方面

相关的研究和分析为生态经济在我国的发展做出了较为客观的评价和总结，也为之后的发展提供了建设性建议。生态经济学理论和生态经济实践构建了生态经济发展水平的评价体系，从中国国家统计局官网获取了中国2008年至2017年的相关数据，通过纵向对比，发现中国的生态经济发展速度有逐渐减缓的趋势，同时分析了生态经济发展速度减缓的原因。最后，评价体系具体包含GDP、全社会固定资产投资、社会消费品零售总额等15个三级指标。

11.2　主要的理论创新点

本著作力求将绿色经济、产业模式、节能减排、绿色信贷与当今时代普遍盛行的生态经济发展理念相融合，通过剖析相关含义、特点和影响机制等问题，深化对我国生态经济和谐可持续发展的理论认识，丰富实证方法和可操作的实践手段及建设策略，并期望能够在这些方面有所创新，具体表现在以下三个方面。

第一，从生态经济视角，创新性地分析了生态环境与我国产业发展的时序联系以及生态环境对生态产业发展的影响，从而拓宽了产业结构理论的研究视角，并选择特定的案例加以阐明，也使生态产业的研究从理论研究层面扩展到实践分析运用的层面。

第二，综合利用博弈论、计量经济学等多种方法，验证了绿色信贷与生态经济之间的相互关系，开创性地挖掘了绿色信贷支持生态经济发展的效率测度评价，丰富了此类研究的实证资料和检验方法实例。

第三，着重进行了我国生态经济发展过程中政治、经济、社会、技术环境的PEST分析，提出了我国生态经济发展过程中的战略导向，包括国家层面和企业层面。将产业化、生态化等时代趋势与国家生态文明建设的思路相结合，提出新的多赢战略，通过产业升级、建立生态保护补偿机制等措施促进生态与经济协调发展，并提出相应的政策建议，加强了我国生态经济发展的理论支撑和可操作性。

11.3 未来展望

此外，鉴于本著作所研究的生态经济发展模式创新、效率评价等相关问题涉及许多学科的知识，并且在实证研究方面也存在统计数据口径不一、资料不齐、收集难度大等诸多问题，而且产业模式、节能减排、效率水平评价与绿色金融等问题相结合的研究还属于新鲜话题，仍有很多想法无法全部付诸文字，有待在今后开展更加深入、细化的研究。

第一，应用计量模型和计算机手段相结合对生态产业模式创新动态演化过程进行仿真模拟，并对相应政策调控机制引发的应激反应和绩效成果加以预测。

第二，在现有文献中所建立的许多生态经济发展水平、生态环境状况等相应评价体系的基础上，进一步深入和完善，将实现生态效益与经济利益的优化作为主要目标，将空间规模、产业组织形式等方面的内容转化为对应的衡量指标，进而对生态经济发展面貌的有关评价体系做出调整和补充。

第三，节能减排的理论和模型方面。目前，学术界仍在不断地研究、深化关于节能减排理论，乃至产生不同的观点，而且本著作在研究时取得的数据范围较为狭小，具有特例性，不一定能代表全国的水平，因此后续可以在数据选取上或在评价的方法和模型上进行深层次的探讨。

第四，绿色信贷只是绿色金融的一部分，在后续的研究中，可以再扩大到绿色金融其他领域与生态经济之间关系的研究，如绿色证券、绿色期货等方面。另外，在样本选取方面也可进一步扩大研究范围。

第五，生态经济发展在变化，生态系统服务的可供给能力也会发生变化，未来生态系统服务将有怎样的差异，人类经济活动与生态系统服务水平之间的互动和博弈如何变化，也是可以在今后继续探讨的话题。

参考文献

[1] 陈一壮, 何嫣. 莱斯特·布朗生态经济理论述评 [J]. 中南大学学报（社会科学版）, 2005, 11（4）:446–452.

[2] 王孔雀, 胡仪元. 生态经济的制度机制研究 [J]. 生态经济, 2004（S1）:76–79.

[3] 张谊浩. 生态经济学的方法论 [J]. 经济学家, 2007（05）:11–17.

[4] 李周. 生态经济理论与实践进展 [J]. 林业经济, 2008（08）:10–16.

[5] 封新林. 安徽省生态经济可持续发展评价指标体系与方法的研究 [D]. 合肥: 安徽农业大学, 2005.

[6] 王书玉. 基于生态足迹理论的县域生态经济系统评价 [D]. 南京: 南京农业大学, 2006.

[7] 孙中峰, 蔡建勤, 尚桢. 甘肃省徽县生态经济系统健康评价 [J]. 中国水土保持科学, 2008, 6（4）:114–120.

[8] 孟民, 汤洁, 李昭阳, 等. 吉林省生态经济城市评价指标体系的建立及应用 [J]. 东北师大学报（自然科学版）, 2008, 40（2）:125–129.

[9] 李春花, 罗正霞, 黄芸玛. 基于能值理论的资源型城市生态经济系统质量评价 [J]. 青海师范大学学报（自科版）, 2009（1）:50–54.

[10] 苏小玲. 青海牧区草原生态经济发展研究 [D]. 北京: 中央民族大学, 2013.

[11] 黄和平, 彭小琳, 孔凡斌, 等. 鄱阳湖生态经济区生态经济指数评价 [J]. 生态学报, 2014, 34（11）:3107–3114.

[12] 方一平. 山区生态产业的开发与组织研究 [D]. 北京: 中国科学院研究生院（水利部成都山地灾害与环境研究所）, 2002.

[13] 尚杰, 于法稳. 生态文明、生态产业与西部大开发 [J]. 生态经济（中文版）, 2001（9）:5–6.

[14] 蒋菊生. 海南橡胶产业生态 [M]. 北京 : 中国科学技术出版社 ,2004.

[15] 彭宗波，陶忠良，蒋菊生. 生态产业的发展历程及未来趋势 [J]. 热带生物学报，2005,11（1）:45-50.

[16] 任洪涛. 论我国生态产业的理论诠释与制度构建 [J]. 理论月刊，2014（11）:121-126.

[17] 陆宇海，邹艳芬. 生态经济考核评价及生态产业发展研究 [M]. 南昌 : 江西人民出版社 .2015.

[18] 刘思华. 创建五次产业分类法，推动 21 世纪中国产业结构的战略性调整 [J]. 生态经济（中文版），2000（6）:5-13.

[19] 孙长学，罗丹. 中国农业知识化问题研究 [M]. 北京 : 中国农业科学技术出版社 .2006.

[20] 李周. 生态产业发展的理论透视与鄱阳湖生态经济区建设的基本思路 [J]. 鄱阳湖学刊，2009（1）：18-24

[21] 王志文. 中国区域生态经济发展战略模式研究 [M]. 北京 : 经济日报出版社 .2015.

[22] 孙长学，王奇. 论生态产业与农村资源环境 [J]. 农业现代化研究，2006, 27（2）:100-103.

[23] 刘思华. 论生态产业与五次产业分类法 [A]// 中国生态经济学会第五届会员代表大会暨全国生态建设研讨会论文集. 南昌 : 江西人民出版社 , 2000 :10.

[24] 孟凯. 生态省建设与生态产业的发展 [J]. 土壤与作物，2005, 21（1）:75-77.

[25] 麦全法，蒋菊生. 生态产业的理论依据与生态进化 [J]. 热带生物学报，2005, 11（4）:42-47.

[26] 陈效兰，杨薇薇. 我国应大力发展循环经济 [J]. 科技资讯，2006（6）:192-192.

[27] 熊艳. 生态工业园发展研究综述 [J]. 中国地质大学学报（社会科学版），2009, 9(1):63-67.

[28] 刘思华，黄国勤. 生态经济与绿色崛起 [M]. 北京 : 中国环境出版社 .2012.

[29] 廖道彬. 生态小城镇建设及发展模式研究 [D]. 泉州 : 华侨大学 , 2013.

[30] 余德辉，王金南. 循环经济 21 世纪的战略选择 [J]. 再生资源与循环经济，2001（5）:33-37.

[31] 马海虎，王奇，柯强. 温州城市生态系统演化和可持续发展能力分析 [J]. 生态经济，2008（10）:131-135.

[32] 丁毓良．生态农业产业化模式及效益研究 [D]. 大连：大连理工大学，2007.

[33] 张雪梅．中国生态农业产业竞争力的钻石模型分析 [J]. 经济与管理，2007，21（5）:5-9.

[34] 高尚宾．建立生态补偿机制探索集约化农业可持续发展之路 [J]. 农业科技管理，2008，27（1）:21-24.

[35] 王念．产业竞争力、产业生态环境及其对汽车产业发展的启示 [J]. 商业经济研究，2010（22）:123-124.

[36] 徐志朋，郭晓林，李良杰，等．基于 SWOT 分析的低碳经济背景下生态旅游产业链研究 [J]. 老区建设，2011（10）:7-9.

[37] 张复明．资源型区域面临的发展难题及其破解思路 [J]. 中国软科学，2011（6）:1-9.

[38] 刘烈宏，陈治亚．基于产业生态理论的产业链竞争力演进与机理研究 [J]. 现代经济探讨，2015（12）:67-70.

[39] 姜仁良，陈蕾．生态产业发展的理论基础、内在要求及对策研究 [J]. 商业经济，2017（8）:29-30.

[40] 李阳明．城市生态建设与城市经济竞争力协同机制研究 [J]. 知识经济，2018，481（22）:9-10.

[41] 关友毅．中国城市产业生态转型评价 [D]. 蚌埠：安徽财经大学，2015.

[42] FREDDI, LORENZO, MURAT, et al. Anisotropic inhomogeneous rectangular thin-walled beams [J]. Siam Journal on Mathematical Analysis, 2009, 40（5）:1923-1951.

[43] 李广明，黄有光．区域生态产业网络的经济分析———一个简单的成本效益模型 [J]. 中国工业经济，2010（2）:5-15.

[44] 李强，胡仪元．水源地生态产业开发的经济效益考察 [J]. 生态经济（中文版），2010（12）:135-137.

[45] 王昌海，温亚利，李强，等．秦岭自然保护区群的社会效益计量研究 [J]. 中国人口·资源与环境，2011，21(7):117-125.

[46] 袁天昂．资本市场支持我国战略性新兴产业发展研究 [J]. 西南金融，2010（3）:68-71.

[47] 任保平．中国经济发展新阶段企业技术创新环境的优化 [J]. 求索，2009（10）:9-11.

[48]　王兰军.战略性新兴产业需要金融创新 [J].中国金融,2011(3):48–50.

[49]　顾海峰.战略性新兴产业培育、升级与金融支持 [J].改革,2011(2):29–34.

[50]　肖兴志,谢理.中国战略性新兴产业创新效率的实证分析 [J].经济管理,2011(11):35–44.

[51]　钟清流.经济转型的制度约束及突破之路 [J].全国流通经济,2011(13):3–4.

[52]　万军,于雷,吴舜泽,等.城镇化:要速度更要健康——建立城市生态环境保护总体规划制度探究 [J].环境保护,2012(11):29–31.

[53]　时杰.战略性新兴产业发展中的政府角色 [J].领导之友,2010(5):8–9.

[54]　白千文.战略性新兴产业研究述析 [J].现代经济探讨,2011,359(11):37–41.

[55]　刘焱,杨冕.基于生态文明视角的鄂尔多斯模式反思 [J].干旱区资源与环境,2011,25(7):222–226.

[56]　万钢.创造产业和市场发展的新生态 [J].时代汽车,2015(z1):36–37.

[57]　朱迎春.政府在发展战略性新兴产业中的作用 [J].中国科技论坛,2011(1):20–24.

[58]　吴慈生,李兴国.从物质资本到知识资本——经济新常态下的创新驱动力思考 [J].决策,2015(7).

[59]　李永东,路杨.生态经济发展研究综述 [J].宁夏社会科学,2007(4):48–51.

[60]　徐中民,张志强,程国栋.当代生态经济的综合研究综述 [J].地球科学进展,2000,15(6):688–694.

[61]　霍海燕.西方国家环境政策的比较与借鉴 [J].中国行政管理,2000(7):39–42.

[62]　杨秀苔,蒲永健.资源经济学:资源最优配置的经济分析 [M].重庆:重庆大学出版社,1993.

[63]　焦敏,陈新军.自然资源价值核算理论在海洋渔业资源中的应用 [J].海洋湖沼通报,2014(03):75–81.

[64]　李永东,路杨.生态经济发展研究综述 [J].宁夏社会科学,2007(4):48–51.

[65]　张明胜.系统动力学与农业生态经济系统设计 [J].生态与农村环境学报,1986,2(1):26–30.

[66]　陈爽,彭补拙.运用系统动力学方法进行生态经济规划研究——以新疆库尔勒地区为例 [J].经济地理,1996(2):44–47.

[67]　佟贺丰,曹燕,于洁,等.基于系统动力学的城市可持续发展模型:以北京市为例 [J].未来与发展,2010,33(12):10–17.

[68] 李杰兰，陈兴鹏，王雨，等.基于系统动力学的青海省可持续发展评价 [J]. 资源科学, 2009, 31（9）:1624-1631.

[69] 靳瑞霞，赵岭，郭永俊.基于系统动力学的格尔木市生态经济损失评价 [J]. 青海大学学报（自然科学版）, 2015（3）:83-89.

[70] 王格黄河三角洲高效生态经济区复合生态经济系统仿真与优化对策研究 [D]. 淄博：山东理工大学, 2017.

[71] 黄元豪，陈秋华，修新田，等.森林型风景区旅游环境承载力研究——以天台山国家森林公园九鹏溪风景区为例 [J]. 生态经济, 2018, 34（7）.

[72] 桑朝旭，基于系统动力学的兰州市循环经济系统仿真研究 [D]. 西安：西安科技大学, 2018.

[73] 李键，储剑寒，张彪.可持续发展视角下的云南有机农业路径研究 [J]. 生态经济（中文版）, 2018（2）:140-146.

[74] 魏一鸣，曾嵘，范英，等.北京市人口、资源、环境与经济协调发展的多目标规划模型 [J]. 系统工程理论与实践, 2002, 22(2):74-83.

[75] 范英，张晓兵，朱磊.基于多目标规划的中国二氧化碳减排的宏观经济成本估计 [J]. 气候变化研究进展, 2010, 6(2):130-135.

[76] 周维佳.基于国际视野的中国生态经济研究方法进展综述 [J]. 中国人口·资源与环境, 2015, 25(S1):300-304.

[77] HARDI P, BARG S. Measuring sustainable development : Review of current practice, occasional paper number 17〔R〕. New York : International Institute for Sustainable Development, 1997.

[78] 张冬梅，刘妍珺，赵雷雷.生态经济综合评价指标体系研究——以贵州省为例 [J]. 学术交流, 2011（12）:81-84.

[79] 郭志仪，杨皓然.基于结构熵权—模糊推理法的区域生态经济发展度研究——以青海省为例 [J]. 经济问题, 2011（8）:126-129.

[80] 李叶，张川红，郑勇奇，等.外来树种生态经济综合评价指标体系 [J]. 生态学杂志, 2010, 29（5）:1039-1046.

[81] 徐中民，张志强，程国栋，等.环境货币估价的定量探讨 [J]. 生态经济（中文版）, 2001（12）:7-9.

[82] 修瑞雪，吴钢，曾晓安，等.绿色 GDP 核算指标的研究进展 [J]. 生态学杂志, 2007, 26（7）.

[83] 王茂园 . 真实发展指标本地化应用探讨 [J]. 经营管理者 , 2013（26）:174.

[84] 冯芳，金爽，黄巧华，等 . 基于能值—生态足迹模型的湖北省生态安全评价 [J]. 冰川冻土 , 2018, 40（3）:634–642.

[85] 史丹，王俊杰 . 基于生态足迹的中国生态压力与生态效率测度与评价 [J]. 中国工业经济 , 2016（05）:7–23.

[86] 任海军，唐晶 . 生态足迹影响因素的区域差异分解 [J]. 统计与决策 , 2016（7）:103–107.

[87] 吴朝阳，周璨 . 我国绿色发展中的生态效益问题研究——基于生态足迹的绿色发展评价模型改进 [J]. 价格理论与实践 , 2017（11）:150–153.

[88] 徐秀美，郑言 . 基于旅游生态足迹的拉萨乡村旅游地生态补偿标准——以次角林村为例 [J]. 经济地理 , 2017, 37（4）:218–224.

[89] 杨屹，胡蝶 . 生态脆弱区榆林三维生态足迹动态变化及其驱动因素 [J]. 自然资源学报 , 2018, 33（7）:1204–1217.

[90] 仇蕾，崔韵文 . 江苏省生态足迹动态分解及区域差异 [J]. 长江流域资源与环境 , 2018, 27（6）:213–221.

[91] 党小虎，吴彦斌，刘国彬，等 . 生态建设 15 年黄土高原生态足迹时空变化 [J]. 地理研究 , 2018, 37（4）:761–771.

[92] 杨晓俊，方传珊，侯叶子 . 基于生态足迹的西安城市生态游憩空间优化研究 [J]. 地理研究 , 2018, 37（2）:281–291.

[93] 宫盛男，张玉坤，张睿，等 . 基于打破"空间互斥性"假设的既有城市生态足迹分析研究 [J]. 城市发展研究 , 2018, 25（1）:7–14.

[94] 王刚毅，刘杰 . 基于改进水生态足迹的水资源环境与经济发展协调性评价——以中原城市群为例 [J]. 长江流域资源与环境 , 2019（1）:80–90.

[95] ZHAO S, LI Z, LI W. A modified method of ecological footprint calculation and its application [J]. Ecological Modelling, 2005, 185（1）:65–75.

[96] 张芳怡，濮励杰，张健 . 基于能值分析理论的生态足迹模型及应用——以江苏省为例 [J]. 自然资源学报 , 2006, 21（4）:653–660.

[97] 李双成，蔡运龙 . 基于能值分析的土地可持续利用态势研究 [J]. 经济地理 , 2002, 22（3）:346–350.

[98] 张军民 . 新疆玛纳斯河流域绿洲生态经济能值分析 [J]. 经济地理 , 2007, 27（3）:489–491.

[99] 梁巧转，李娜，刘炬. 基于能值分析的企业生态系统可持续发展模型的构建 [J]. 科技管理研究, 2007, 27（7）:224-225.

[100] 张雯，李秀彬，王秀红. 高寒温带干旱区农牧业生态系统的能值分析——以柴达木盆地为例 [J]. 干旱区资源与环境, 2008, 22（6）:73-78.

[101] 谢雨萍，关俊利. 能值分析理论在生态农业旅游复合系统中的应用——以桂林市恭城瑶族自治县为例 [J]. 社会科学家, 2009（10）:94-97.

[102] 刘志杰，陈克龙，赵志强，等. 基于能值分析的西宁市城市生态经济可持续发展研究 [J]. 干旱区资源与环境, 2011, 25（1）:7-10.

[103] 金丹，卞正富. 基于能值和 GEP 的徐州市生态文明核算方法研究 [J]. 中国土地科学, 2013（10）:88-94.

[104] 王楠楠，章锦河，刘泽华，等. 九寨沟自然保护区旅游生态系统能值分析 [J]. 地理研究, 2013, 32（12）:2346-2356.

[105] 李春发，杨建超，周佳良. 天津滨海新区产业生态系统可持续性的能值分析 [J]. 城市问题, 2013（12）:37-44.

[106] 马凤娇，刘金铜. 基于能值分析的农田生态系统服务评估——以河北省栾城县为例 [J]. 资源科学, 2014, 36（9）:1949-1957

[107] 王显金，钟昌标. 沿海滩涂围垦生态补偿标准构建——基于能值拓展模型衡量的生态外溢价值 [J]. 自然资源学报, 2017, 32（5）:742-754.

[108] 潘鹤思，李英，陈振环. 森林生态系统服务价值评估方法研究综述及展望 [J]. 干旱区资源与环境, 2018, 32（6）:72-78.

[109] 何浩，潘耀忠，申克建，等. 北京市湿地生态系统服务功能价值评估 [J]. 资源科学, 2012, 34(5):844-854.

[110] 李怀宇. 基于 Copula 和 SFA 的海岸带生态经济非线性研究 [D]. 天津:天津大学, 2010.

[111] 陈六君. 生态经济系统复杂性的几个理论问题 ［D］北京:北京师范大学, 2004.

[112] 孙兆刚. 基于制度—技术—资本协同作用的生态经济效果分析 [J]. 生态经济, 2012（5）:75-78.

[113] Costanza R, King J. The first decade of ecological economics[J]. Ecological Economics, 1999, 28(1):1-9.

[114] 王松霈. 生态经济学为可持续发展提供理论基础 [J]. 中国人口·资源与环境, 2003, 13（2）:14-19.

[115] 王东杰，姜学民．论生态经济学与环境经济学的区别与联系 [J]. 生态经济，1999（4）:26-28.

[116] 季昆森．发展生态经济提高资源产出率是绿色转型突破口 [A]// 中国生态经济学会学会．"生态经济与转变经济发展方式"——中国生态经济学会第八届会员代表大会暨生态经济与转变经济发展方式研讨会论文集．黑龙江：黑龙江人民出版社，2012：6.

[117] 张明君．转变思路明确目标推进林业生态建设事业跨越发展——原州区"十二五"期间林业生态建设之我见 [J]. 新农村：黑龙江，2013（24）:296-296.

[118] 骆鹿，骆建国．生态经济实践之路的哲学思考——以浙江省安吉天荒坪抽水蓄能电站为例 [J]. 世纪桥，2012（15）:77-78.

[119] 诸大建．循环经济：上海跨世纪发展途径 [J]. 上海经济研究，1998（10）:28-32.

[120] 周宏春．循环经济：一个值得重视的发展趋势[J]. 新经济导刊，2002(14):70-73.

[121] 谢家平，孔令丞．循环经济与生态产业园区：理念与实践 [J]. 管理世界，2005（2）:152-153.

[122] 吴迪．建立健全制度体系积极发展循环经济 [J]. 辽宁经济，2007（6）:14-14.

[123] 俞建群．论中国特色区域经济新发展 [D]. 福州：福建师范大学，2012.

[124] 翁伯琦．发展现代生态农业要实现新跨越 [N]. 福建科技，2011-09-21（B01）.

[125] 刘刚，张春艳．我国生态农业发展模式初探 [J]. 生态经济，2011（10）:117-120.

[126] 聂磊．生态农业的发展困境与路径探索 [J]. 农业经济，2017（6）:23-24.

[127] 张燕，张进．我国发展生态农业的现实困境分析 [J]. 延安大学学报（社会科学版），2016,38（2）:58-60.

[128] 杨瑞珍，陈印军．中国现代生态农业发展趋势与任务 [J]. 中国农业资源与区划，2017,38（5）:167-171.

[129] CHERTOW M R. Industrial symbiosis: Literature and taxonomy[J]. Annual Review of Energy and the Environment，2000，25（1）：313-337.

[130] 中华人民共和国环保部，中华人民共和国商务部，中华人民共和国科技部．关于印发《国家生态工业示范园区管理办法》的通知（环发〔2015〕167 号）[Z]．（2015-12-16）. http://www.mep.gov.cn / gkml / hbb / bwj /201512 / t20151224_320098. htm.

[131] 中华人民共和国环境保护部．国家生态工业示范园区标准：HJ 274—2015[S]. 北京：中国环境科学出版社，2015.W020151229415317224209. pdf.

[132] 田金平,刘巍,臧娜,等.中国生态工业园区发展现状与展望[J].生态学报,2016,36（22）:7323-7334.

[133] 闫二旺,田越.中国特色生态工业园区的循环经济发展路径[J].经济研究参考,2016（39）:77-83.

[134] 张平.我国生态物流的组织模式和网络结构分析[J].商业经济研究,2017（7）:109-111.

[135] 李有润,胡山鹰,沈静珠,等.工业生态学及生态工业的研究现状及展望[J].中国科学基金,2003（4）:18-20.

[136] 吴志军.生态工业园区产业共生关系分析——以南昌高新技术产业开发区为例[J].经济地理,2010,30（7）:1148-1153.

[137] GREENFIELD H I. Manpower and the growth of producer services [M]. Economic Development , New York : Columbia University Press, 1966.

[138] BROWNING H L, SINGELMAN J. The emergency of a service society: Demographic and sociological aspects of the sectoraltransformation in the labor force of the USA [C]. Springfield Virginia: National Technical Information Service, 1975(4): 11-23.

[139] HOWELLS J, GREEN A E. Location, technology and industrial organization in UK services [J]. Progress in Planning, 1986, 26: 83-183.

[140] 孙婷.关于发展贵阳市南明区生态服务业的几点思路[J].特区经济,2007（5）:202-204.

[141] 王芳.浅析加快龙江生态服务业发展的现实意义[J].世纪桥,2016（11）:91-92.

[142] 徐爱燕,安玉琴,王大海.论西藏生态产业体系及发展重点[J].西藏大学学报,2010,25（6）:28-31.

[143] 赵桂慎.生态经济学[M].北京:化学工业出版社,2009.

[144] 李剑玲,李京文.基于生态的京津冀生产性服务业发展探讨[J].经济与管理,2016,30（2）:5-8.

[145] 高运胜.文献综述:生产性服务业集聚动因、模式与演化[J].国际商务研究,2013,34（5）:16-26.

[146] 王倩.胶东半岛现代流通服务业发展研究[J].山东社会科学,2012（09）:123-126.

[147] 张国珍.台湾地区生态旅游教育发展与展望——台一生态教育休闲农场[A]//休闲农业与乡村旅游发展——第二届"海峡两岸休闲农业与观光旅游学术研讨会"论文集.台湾:中国矿业大学出版社,2004:6.

[148] 冯洁. 生态文明建设视角下的海峡西岸现代服务业发展对策思考 [J]. 社科纵横 ,2017,32（03）:30-33.

[149] 李京文，李剑玲. 京津冀协调创新发展比较研究 [J]. 经济与管理 ,2015,29（2）:13-17.

[150] 蔺栋花，侯效敏. 黄河三角洲高效生态经济区发展高端生产性服务业问题研究 [J]. 生态经济 ,2016,32（12）:87-91.

[151] 王会芝. 经济新常态下的绿色服务业发展模式研究 [J]. 中国商论 ,2016(20):3-4.

[152] 樊胜岳，王曲元，包海花. 生态经济学原理与应用 [M]. 北京：中国社会科学出版社 ,2010.

[153] FABER M,MANSTETTEN R, PROOPS J. Ecological economics: Concepts and methods[J]. Cheltenham: Edward elgar, 1996, 66（3）:1006-1011.

[154] PETER HARDI,STEPHAN BARG,HODGE T, et al. Measuring sustainable development:Review of current practice[J]. Occasional Paper, 1997,17.

[155] 周维佳，廖望科，陈春艳. 基于国际视野的中国生态经济研究方法进展综述 [J]. 中国人口·资源与环境 ,2015,25（S1）:300-304.

[156] 周洋，侯淑婧，宗科. 基于主成分分析方法的生态经济效益评价 [J]. 统计与决策 ,2018（1）:66-69.

[157] 陈国良. 黄土高原区域治理生态经济效益综合评价方法 [J]. 生态经济 , 1993（5）:23-32.

[158] 李叶，张川红，郑勇奇，等. 外来树种生态经济综合评价指标体系 [J]. 生态学杂志 ,2010,29（5）:1039-1046.

[159] 刘华，廖树峰. 茂名小良生态经济发展的模糊数学评价 [J]. 经济地理 ,2007, 27（3）:492-495.

[160] CATANED B E. An index of sustainable economic welfare （ ISEW ） for Chile[J]. Ecological Economics , 1999, 28（2）:231-244.

[161] 徐中民，张志强，程国栋. 可持续发展定量研究的几种新方法评介 [J]. 中国人口·资源与环境 ,2000（2）:61-65.

[162] 赵婕. 中国绿色GDP核算体系基本框架及其分析 [D]. 大连：东北财经大学 ,2007.

[163] 沈晓艳，王广洪，黄贤金 .1997—2013 年中国绿色GDP核算及时空格局研究 [J]. 自然资源学报 ,2017,32（10）:1639-1650.

[164] 赵泽林. 绿色GDP绩效评估算法的探索、比较及其优化路径 [J]. 统计与决

策 ,2019,35（3）:25–29.

[165] WACKERNAGEL M, OISTO L, BELLO PET, et al. Ecological footprints of nations.Commissioned by the earth council for local environmental initiatives[R], Commissioned by the Earth Council for the Rio+5Forum.International Council for Local Environmental Initiatives, Toronto. 1997.

[166] 程曼，解文艳，杨振兴，等 . 基于能值理论的山西省农作物秸秆生态足迹研究 [J/OL].（2018–10–11）[2019–04–28].https://doi.org/10.13451/j.cnki.shanxi.univ（nat. sci.）.

[167] 贾陈忠，乔扬源，关格格，等 . 山西省水资源生态足迹时空变化特征及驱动因素 [J]. 水土保持研究 ,2019,26（2）:370–376.

[168] 张一宁，张颖 . 基于生态足迹的盐池县荒漠化治理工程可持续性效果分析 [J]. 市场研究 ,2019（3）:45–46.

[169] 江伟钰，陈方林 . 资源环境法词典 [M]. 北京：中国法制出版社 ,2005.

[170] 蓝盛芳，陈飞腾，刘新茂 . 中国农业生态系统的能流能值分析 [J]. 生态科学 , 1999, 17（1）:32–39.

[171] ODUM H T. Ecology and economy: Emergy analysis and public policy in Texas[C]. Policy research project report. Austin:University of Texas at Austin, 1987.

[172] 周建，齐安国，袁德义 . 湖南省生态经济系统的能值分析 [J]. 中国生态农业学报 ,2008（2）:488–494.

[173] 刘浩，王青，李秀娟，等 . 辽宁省生态经济系统能值分析 [J]. 应用生态学报 ,2008（3）:627–633.

[174] 黄显峰，周沛，阎玮，等 . 基于能值分析的生态供水效益量化方法 [J]. 水利水电科技进展 ,2019,39（2）:12–15, 36.

[175] 张国兴，马玲飞 . 基于能值分析的资源型区域生态经济系统研究 [J]. 生态经济 ,2018,34（12）:40–46.

[176] 胡伟，韩增林，葛岳静，等 . 基于能值的中国海洋生态经济系统发展效率 [J]. 经济地理 ,2018,38（8）:162–171.

[177] 王汉祥 . 中国北疆民族地区旅游产业生态化发展研究 [D]. 呼和浩特：内蒙古大学 ,2017.

[178] 严俊杰，黄正泉 . 洞庭湖区"两型农业"建设的生态经济学思考 [J]. 安徽农业科学 ,2013,41（7）:3176–3178.

[179] GUO K，N'DIAYE P．Is China's export-oriented growth sustainable？ [J]. Social Science Electronic Publishing, 2009, 09（172）．

[180] 计军平，马晓明．碳足迹的概念和核算方法研究进展 [J]. 生态经济 ,2011（4）76-80.

[181] 韩晨晨，魏孟媛，薛文良.碳足迹计算在棉纺厂的应用研究 [J]. 棉纺织技术 ,2012, 40（8）:17-19.

[182] 李昕，吴雄英，巢晃，等.纺织服装产品碳足迹核算中常用能源排放系数 [J]. 上海纺织科技，2014（1）:55-58.

[183] 王来力，丁雪梅，吴雄英.纺织产品碳足迹研究进展 [J]. 纺织学报 ,2013 （6）:113-119.

[184] BARON D. Private politics, corporate social responsibility and integrated strategy [J]. Journal of Economics and Management Strategy, 2001, 10（1）:7-45.

[185] 孙光林，王颖，李庆海.绿色信贷对商业银行信贷风险的影响 [J]. 金融论坛 ,2017,22（10）:31-40.

[186] SCHALTEGGER S, STURM A. Environmental rationality [J]. Die Unternehmung, 1990, 44:273-290.

[187] WBCSD. Measuring eco-efficiency: A guide to reporting company performance [M]. Geneva: World Business Council for Sustainable Development, 2000.

[188] OECD. Eco-efficiency[R]. Paris, Organization for Economic Cooperation and Development, 1998.

[189] WBSCD. Eco-efficiency indicators and reporting-report on the status of the project [R]. Geneva: WBSCD, 2000.

[190] 诸大建，邱寿丰.生态效率是循环经济的合适测度 [J]. 中国人口，资源与环境 ,2006（5）:1-6.

[191] 匡远配.两型经济的衡量标准与模式：基于生态经济效率理论的分析 [J]. 经济体制改革 ,2011（6）:24-27.

[192] 秦伟山，张义丰，袁境.生态文明城市评价指标体系与水平测度 [J]. 资源科学 ,2013,35（8）:1677-1684.

[193] 张煊，王国顺，王一苇.生态经济效率评价及时空差异研究 [J]. 经济地理 ,2014 （12）:153-160.

[194] CHARNES A, COOPER W W. Programming with linear fractional functional [J].Naval Research Logistics Quarterly, 1962（9）: 181-186.